Tobias Krell & Gregor Eisenbeiß

KOCHT MIT Checker TOBI

Tobias Krell & Gregor Eisenbeiß

KOCHT MIT Checker TOBI

Meine Lieblingsgerichte, Mitmach-Checks und Checker-Fragen rund ums Essen

südwest

INHALT

HEY, LEUTE!

Und damit meine ich diesmal nicht nur euch, Leute, sondern ausnahmsweise auch mal euch, Leute: euch Erwachsene! Dieses Kochbuch richtet sich nämlich an alle: Kinder, Eltern, Großeltern – eben einfach alle. Denn beim Kochen ist für mich das Allerschönste, dass man es gemeinsam machen kann!
Vom Einkaufen übers Schnippeln bis hin zum Anbraten und Rühren: Auch wenn es manchmal für das eine oder andere noch etwas Hilfe bedarf, findet sich in einer Küche für jede und jeden die passende Aufgabe. Und gemeinsam macht sowieso alles am meisten Spaß – außer hinterher abspülen vielleicht. Das ist immer doof.

Aber ansonsten finde ich Kochen und Backen wirklich mega. Na ja, und vor allem natürlich das Essen, ist ja klar. Ich liebe exotische Gerüche, die durch die Lüfte schweben, die Vorfreude, wenn mir das Wasser im Munde zusammenläuft, ich staune jedes Mal wieder, wie viele verschiedene Lebensmittel es auf der Welt gibt, und finde es total abgefahren, zu wie viel unterschiedlichen Gerichten man sie kombinieren kann!

Und darüber hinaus lernt man natürlich auch noch eine Menge: Denn meist nutzen wir Tag für Tag in der Küche nicht nur Lebensmittel, die vor unserer Haustür wachsen, sondern Zutaten aus der ganzen Welt. Und dabei haben jedes Land und jede Kultur ganz andere, eigene Arten und Bräuche, die das Essen für uns zu einem besonderen Erlebnis machen. Das hab ich auf den vielen Reisen gelernt, die ich für meine Kinofilme in ferne Länder unternehmen durfte – und erlebe es auch heute immer wieder beim Essen mit Freunden oder im Restaurant. Für uns Menschen ist regelmäßige Nahrungsaufnahme außerdem überlebenswichtig – im Gegensatz zu Roberta, die nur ab und an ein wenig Schmieröl kriegt.

Aber wenn wir schon von Natur aus quasi zum Essen gezwungen werden, dann doch bitte so cool, gesund, vielfältig und vor allem lecker wie möglich, oder?

Und genau deswegen haben Roberta und ich zusammen für euch dieses Kochbuch gemacht: Damit ihr eure Küche zu Hause zu einer neuen Art von Spielzimmer machen könnt, ihr euch zwischen all den Töpfen, Pfannen und Küchengeräten auskennt, versteht, was bei euch eigentlich im Kühlschrank los ist – und natürlich auch, um richtig leckere Sachen kochen zu können! Sogar das eine oder andere geheime Familienrezept aus meiner Kindheit habe ich für euch reingepackt.

Also, habt ihr Bock? Ich hab Megabock – und jetzt schon Hunger! Ihr auch? Dann viel Spaß mit dem großen Checker-Tobi-Kochbuch!

KÜCHEN-BASICS

Bevor wir mit dem Kochen loslegen können, müssen wir aber natürlich noch ein paar Dinge klären. Schließlich müsst ihr ja wissen, was ihr da eigentlich tut und worüber wir in diesem Buch reden. Das Coole am Kochen ist, dass man gar nicht so viele Sachen braucht. Es reichen schon ein paar wenige Gegenstände aus, um richtig viele Rezepte kochen zu können. Hier seht ihr die wichtigsten Dinge, die in keiner Küche fehlen sollten und die garantiert auch bei euch zu finden sind:

Großer Topf mit Deckel für Nudeln, Kartoffeln und Co.

Kleiner Topf für Milch, Reis, Soßen etc.

Eine Pfanne mit Deckel zum Anbraten oder für Soßen

Auflaufform

Ein bis zwei scharfe Messer zum Schnippeln

Schneidebrett, wenn möglich aus Holz

Kartoffel- oder Spargelschäler

Topflappen

Kochlöffel, Pfannenwender und Suppenkelle

Reibe für Käse, Gemüse und Co.

Nudelsieb

Schneebesen

Küchenwaage

Dosenöffner

Lappen und Geschirrhandtuch

Mit dieser Grundausstattung könnt ihr schon richtig viel kochen. Oder backen. Oder blanchieren. Bitte was? Ja, genau. Blanchieren. Das kommt aus dem Französischen, wird »blongschieren« ausgesprochen und bedeutet, dass Gemüse nur ganz kurz in sprudelnd kochendes Wasser gegeben wird.

Das sorgt zum Beispiel dafür, dass Krankheitserreger abgetötet werden, die Vitamine aber trotzdem erhalten bleiben. Außerdem bleibt Gemüse bei dieser Methode schön knackig. Neben dem Blanchieren gibt es noch viele weitere Möglichkeiten, was man mit Essen anstellen kann.

Was alles? Das check ich für euch!

Checker FRAGE

Was sind die wichtigsten Zubereitungsarten?

Wenn man Nahrungsmittel erhitzt, um sie essbar zu machen, nennt man das »garen«. Wenn also zum Beispiel die Kartoffeln nicht mehr hart sind, sondern weich und lecker, sind sie »gar«. Und das geht auf ganz viele verschiedene Arten.

Kochen: Wenn Flüssigkeiten kochen, fangen sie im Topf an zu blubbern. Das ist der sogenannte Siedepunkt, weswegen das Kochen von Speisen manchmal auch »sieden« genannt wird. Dieser Siedepunkt ist immer dann erreicht, wenn sich etwas Flüssiges in etwas Gasförmiges verwandelt. Oder einfacher ausgedrückt: Wenn die Flüssigkeit anfängt zu verdampfen. Wasser zum Beispiel bei 100 Grad Celsius. Aber Vorsicht: Wenn ihr zum Beispiel Gemüse zu lange kocht, wird es sehr schnell matschig – und ganz nebenbei verliert es sehr viele Nährstoffe, also zum Beispiel Vitamine. Deswegen wählt man bei Gemüse oft eine andere Art des Garens: das Dünsten.

Dünsten: Beim Dünsten geht es darum, möglichst wenig Flüssigkeit zu verwenden, um die Nahrungsmittel zu garen: Einfach nur den Boden des Topfes oder der Pfanne mit Wasser bedecken, das Wasser zum Kochen bringen, Nahrungsmittel rein und Deckel drauf. Mit dieser Gartechnik erhaltet ihr besonders viel Nährstoffe und Vitamine. Meist wird sie für Fisch, Gemüse oder Obst verwendet.

Dämpfen: Die schonendste Art, um Lebensmittel zu garen, ist das Dämpfen. Wie der Name schon sagt, benutzt ihr dafür lediglich den Dampf kochenden Wassers, um das Essen zu erhitzen. Dafür benutzt man meist einen speziellen Einsatz für die Töpfe, ihr könnt allerdings auch einfach ein Sieb auf den Topf legen und dann den Topfdeckel drauf machen.

Schmoren: Diese ebenfalls sanfte Garmethode wird meistens für Fleisch verwendet, zum Beispiel bei Gulasch. Erst wird das Fleisch in einem Topf rundherum angebraten, dann wird Flüssigkeit (zum Beispiel Wein oder Brühe) dazugegossen und danach alles mitsamt Topfdeckel für mehrere Stunden in den Ofen verfrachtet oder bleibt bei niedriger Temperatur auf dem Herd.

Die richtige Schmortemperatur im Topfinneren liegt dabei meist zwischen 80 und 90 Grad Celsius – was ihr erreicht, wenn ihr euren Ofen auf ungefähr 130 Grad Celsius einstellt. Und wo wir jetzt sowieso gerade beim Ofen angekommen sind, machen wir doch gleich mit den sogenannten »trockenen Garmethoden« weiter, bei denen keine Flüssigkeit gebraucht wird.

Backen: Kennt ihr natürlich alle: Ob Brot, Kuchen oder Muffins – durch die trockene Erwärmung des Teiges wird er fest und heraus kommt nach einiger Wartezeit eigentlich immer etwas Leckeres.

Neben dem klassischen Backen kann man in einem Ofen seine Speisen aber auch »überbacken«. Meist passiert das mit geriebenem Käse und sorgt für leckere Kruste bei den Aufläufen. In der Fachsprache nennt man das auch »gratinieren«. Das Wort kommt aus dem Französischen und bedeutet so viel wie »am Rand des Topfes festbacken«.

Grillen: Kennen wir natürlich auch alle – vor allem aus den Sommermonaten. Egal ob mit Kohle, Gas oder auf dem Elektro-Grill: Das Essen wird durch die aufsteigende Hitze gar und bekommt eine leckere Kruste. Aber Vorsicht: Ist das Grillgut zu nah an der Hitzequelle, verbrennt es leicht.

Braten: Etwas schnell in flüssigem Fett in der Pfanne zu erhitzen, nennt man »braten«. Dafür benutzt man entweder Butter, Bratöl oder Schmalz – wobei Butter besonders schnell anfängt zu qualmen. Wenn ihr so viel Öl nehmt, dass euer Lebensmittel darin schwimmen kann, spricht man übrigens von »frittieren«. Kennt ihr ja zum Beispiel von Pommes.

Oft benutzt man dafür aber ein eigenes Gerät, die sogenannte »Fritteuse«. Die sorgt für weniger Fettspritzer an den Wänden und weniger Gestank in der Wohnung.

FRAGE gecheckt!

Okay, Leute, jetzt wissen wir also schon mal, womit wir unser Essen zubereiten können und auf welche Art das passieren kann. Ist schon mal nicht schlecht, aber trotzdem gibt es noch eine ganz wichtige Sache, bevor wir loslegen können.

MASSE UND EINHEITEN IN DER KÜCHE

Gewicht pro gestrichenem Teelöffel/Esslöffel

Backpulver	3 g	10 g
Butter	5 g	15 g
Joghurt	7 g	20 g
Kakaopulver	2 g	7 g
Mandeln, gemahlen	2 g	5 g
Mehl	2,5 g	10 g
Öl	4 g	12 g
Petersilie, gehackt	1,5 g	4 g
Quark	5 g	15 g
Rahm/Sahne, flüssig	5 g	15 g
Rahm/Sahne, geschlagen	3 g	7 g
Salz	6 g	15 g
Speisestärke	4 g	10 g
Tomatenmark	5 g	15 g
Zucker	5 g	15 g
Zwiebel, gewürfelt	3 g	10 g

Volumen

l	Liter	1000 cm^3
dl	Deziliter	100 cm^3
cl	Zentiliter	10 cm^3
ml	Milliliter	1 cm^3
Ta	Kleine Tasse	125 cm^3
	Große Tasse	250 cm^3

Gewicht

dg	Dezigramm	0,1 g
cg	Zentigramm	0,01 g
mg	Milligramm	0,001 g
Dg	Dekagramm	10 g
Pfd./℔	Pfund (DE)	500 g
	Pound (GB, US)	453 g
kg	Kilogramm	1000 g

Ich weiß, vielleicht stöhnt der eine oder die andere jetzt innerlich auf – aber wie immer und überall gibt es auch in der Küche ein paar Regeln, damit es allen beteiligten Köchinnen und Köchen auch Spaß macht, keine Unfälle passieren, das Essen lecker schmeckt und niemand davon krank wird. Und diese Regeln kommen jetzt.

CHECKER TOBIS GOLDENE KÜCHENREGELN

Nehmt euch Zeit, wenn ihr gemeinsam kochen wollt. Stress sorgt nur für Unfälle und schlechte Laune.

Bevor ihr loslegt: immer die Hände waschen.

Verwendet für rohes Fleisch, rohen Fisch und Gemüse unterschiedliche Brettchen und Messer. Nach dem Benutzen solltet ihr sie heiß abspülen.

Gemüse, Obst und Kräuter werden vor der Zubereitung gewaschen und geputzt, also von Schale, Stiel oder Blättern befreit.

Naschen ist natürlich erlaubt – allerdings nicht mit den Fingern, sondern mit einem sauberen Löffel. Und keinesfalls bei rohen Eiern, Fleisch und Fisch.

Kein heißer Herd oder Ofen ohne Erwachsene.

Auch heiße Töpfe, Pfannen und Auflaufformen sollten Erwachsene herumtragen – und dabei Topflappen verwenden.

Eine Küche ist kein Spielplatz: also kein Toben, kein Rennen – und bitte auch nicht mit Messern jonglieren.

Scharfe Messer sind zum Schneiden da. Und zwar für alle – wenn ein Erwachsener dabei ist und aufpasst.

Wenn ihr kleckert oder was verschüttet, macht es gleich sauber. Sonst trocknet es fest, macht Flecken oder der Boden wird rutschig.

Danach räumen alle gemeinsam die Küche auf. Das gehört zum Kochen nämlich dazu!

Die wichtigste aller Regeln gilt allerdings in der Küche genauso wie an jedem anderen Ort auf der Welt: Sagt euch, wenn ihr was gut gemacht habt.

Denn bei Lob ist es wie mit Schokolade: Man bekommt davon nie genug. Und wovon ich als Kind auch nie genug bekommen habe, gibt es jetzt: meine allerliebsten Lieblingsrezepte.

MEINE LIEBLINGSREZEPTE

Wenn es an meine Lieblingsrezepte geht, dürfen zwei Menschen natürlich auf gar keinen Fall fehlen. Dank ihnen habe ich den Umgang mit Gewürzen erfahren, die riesige Vielfalt der Natur schätzen gelernt, kapiert, was es heißt, sich und andere zu versorgen, und auch verstanden, dass es gar nicht immer irgendwelche Rezepte braucht, um was Leckeres auf den Tisch zu bekommen, sondern Kochen auch ganz viel mit Gefühl, Liebe und Leidenschaft zu tun hat. Darf ich vorstellen: Mama und Papa.

Dass uns unsere Eltern prägen, ist natürlich nicht nur bei mir so, sondern bei allen Menschen. Auch bei euch, Leute. Eltern sind einfach, ob wir das wollen oder nicht, unsere Vorbilder im Leben. Auch in der Ernährung. Und ich hatte das Glück, unter Menschen aufzuwachsen, die Spaß am Kochen hatten. Unter der Woche war dafür meist meine Mama zuständig, am Wochenende hat dann häufig mein Papa den Kochlöffel geschwungen.

Und das war gar nicht so einfach, kann ich euch verraten. Denn meine beiden Geschwister und ich fanden ständig etwas, an dem wir rummäkeln konnten. Das ist ja erst einmal gar nicht so ungewöhnlich, jede und jeder hat etwas, das ihm oder ihr nicht schmeckt. Das Problem war aber, dass es bei uns meist unterschiedliche Sachen waren: Da liebten die einen Spaghetti, die anderen mochten aber keine Sahnesoßen. Mein Bruder wollte kein Fleisch, meine Schwester kein gekochtes Gemüse, ich fand Rohkost aber »bäh« – und so weiter. Es war bestimmt nicht immer einfach, uns alle satt, gesund und glücklich zu bekommen.

Trotzdem haben es unsere Eltern geschafft! Daher, liebe Mama und lieber Papa, an dieser Stelle noch einmal ein großes Danke dafür!

WAS IST EIN RÖMERTOPF?

Der »Römertopf« ist ein besonders geformter Tontopf zum Garen von Fleisch und Gemüse, mit dem die Aromen und Nährstoffe des Essens besonders gut erhalten bleiben.

Gerade meine Mama hat sich dabei auch echt Mühe gegeben und die verschiedensten Dinge ausprobiert: unliebsames Gemüse bis zur Unkenntlichkeit klein gehäckselt, witzige Namen kreiert oder auch einfach völlig neue und wilde Rezepte erfunden. Und eines davon will ich euch jetzt vorstellen: die Krell'sche Römertopflasagne.

Eine Sache, worauf sich in unserer Familie nämlich (fast) alle einigen konnten, waren Eier! Egal ob morgens zum Frühstück, als Spiegelei, Omelett oder einfach nur so zwischendurch: Eier gingen immer! Ist bei mir übrigens heute noch so: ich liiiiiebe Frühstückseier!

Wahrscheinlich war meine Mama so froh, damit endlich was gefunden zu haben, was allen schmeckte, dass sie sie eine Zeit lang auch gefühlt in jedem Gericht verarbeitet hat. So auch in diesem. Und was sie da sonst noch alles reingeworfen hat, seht ihr jetzt – fest steht, dass daraus eines der Lieblingsgerichte meiner Kindheit geworden ist. Viel Spaß beim Nachkochen.

RÖMERTOPFLASAGNE

DAS BRAUCHT IHR:

200 g Hackfleisch

1 Zwiebel

Salz

frisch gemahlener schwarzer Pfeffer

1 Dose geschälte Tomaten (400 g)

100 ml passierte Tomaten

1 TL Liebstöckel

400 g gekochte Nudeln, z. B. Maccheroni

50 g in Scheiben geschnittene Salami

2 hart gekochte Eier, ebenfalls in Scheiben geschnitten

50 g Butter

50 g Mehl

500 ml Milch

1 Prise gemahlene Muskatnuss

200 g Gouda, gerieben

UND SO GEHT'S:

1. Das Hackfleisch mit den Zwiebeln anbraten, dann mit Salz und Pfeffer würzen
2. Jetzt die Tomaten und die Tomatensoße hinzugeben und mit Liebstöckel würzen.
3. Jetzt kommt der Lasagne-Teil: Immer eine Schicht Nudeln in den bereits gewässerten Römertopf mit einer Schicht Hackfleisch, Salami und Eierscheiben abwechseln. Die letzte Schicht sollte wieder aus Nudeln bestehen.
4. In einem Topf die Butter schmelzen und das Mehl hineingeben. Jetzt langsam zum Einbrennen bringen, es darf aber nicht dunkel werden. Unter Rühren die Milch hineinlaufen lassen, mit Salz, Pfeffer und etwas Muskatnuss würzen und köcheln lassen, bis eine zähflüssige Masse entsteht. Voilà, ihr habt eine Béchamelsoße.
5. Diese Soße über die Lasagne geben und den geriebenen Käse darüberstreuen.
6. Den Römertopf schließen und bei 200 °C (Ober-/Unterhitze) im Backofen für circa 30–40 Minuten durchziehen lassen.
7. Dann den Römertopf öffnen und bei 250 °C (Ober-/Unterhitze) noch für circa 10 Minuten braun und kross werden lassen.
8. Dann raus aus dem Ofen – und reinhauen!

RÖMERTOPF WÄSSERN

Vor jedem Gebrauch solltest du deinen Tontopf 10–30 Minuten in Wasser legen. Dabei saugt sich der Ton mit Wasser voll. Später gibt er die Feuchtigkeit im Backofen wieder ab. So trocknen die Speisen nicht aus, sondern bleiben saftig. Das Wässern ist äußerst wichtig, da der Tontopf sonst durch die Hitze im Ofen platzen kann.

RINDERROULADEN MIT RÖSTI UND BOHNEN

Das ist mein absolutes Lieblingsfamiliensonntagsessen!
Dieses Gericht ist echt aufwendig. Aber es lohnt sich! Versprochen!

IHR BRAUCHT FÜR DIE GEFÜLLTEN RINDERROULADEN:

1 Zwiebel (mittelgroß)

3 EL neutrales Öl

4 Karotten

4 Essiggurken

4 Scheiben Rinderroulade (600 g)

2 TL Senf

8 Scheiben geräucherten Speck

70 g Sellerie

1 Schalotte

20 g Butter

1 TL Tomatenmark

400 ml Brühe

Salz

frisch gemahlener schwarzer Pfeffer

UND SO GEHT'S:

1. Die Zwiebel schälen, in kleine Würfel schneiden und in einer Pfanne mit 1 TL Öl glasig braten. Beiseitestellen.
2. Die Karotten waschen, 3 Karotten der Länge nach vierteln. Die Gurken ebenfalls vierteln.
3. Die Rouladen nacheinander mit einem Fleischklopfer gleichmäßig dünn klopfen.
4. Jede Roulade dünn mit Senf bestreichen und mit Speck belegen. Die Zwiebelwürfel auf die Scheiben verteilen. Darauf im Wechsel die Karotten und Gurkenstücke.
5. Die Rouladen nacheinander aufrollen und mit Küchengarn zu einem Päckchen schnüren oder die Enden mit je einem Zahnstocher zusammenpiken.
6. Die übrige Karotte, den Sellerie und die Schalotte putzen und klein würfeln.
7. Öl und Butter in einer Pfanne erhitzen. Die Rouladen in dem heißen Fett bei mittlerer Hitze rundum gut anbraten.
8. Dann die Fleischstücke aus der Pfanne nehmen und beiseitestellen.
9. Karotte, Sellerie und Schalotte in der Pfanne kurz anbraten. Das Tomatenmark dazugeben und mitrösten. Mit Brühe ablöschen, umrühren und die Rouladen wieder reinlegen. Deckel drauf und bei kleiner Hitze für circa 90 Minuten schmoren lassen.

Jetzt habt ihr genug Zeit für 'ne kleine Spielpause.
Danach könnt ihr eure Beilagen zubereiten ...

STAINLESS STEEL

RINDERROULADEN – DIE BEILAGEN

IHR BRAUCHT FÜR DIE KARTOFFEL-RÖSTI:

500 g mehligkochende Kartoffeln

2 Prisen Salz

2 Prisen gemahlenen weißen Pfeffer

1 Prise gemahlene Muskatnuss

6 EL neutrales Öl

IHR BRAUCHT FÜR DIE BUTTER-BOHNEN:

400 g Prinzessbohnen

2 TL Salz

25 g Butter

Salz

frisch gemahlener schwarzer Pfeffer

1. Die Kartoffeln waschen, schälen und auf einer Reibe grob in eine Schüssel raspeln.
2. Mit Salz, Pfeffer und Muskat würzen und verkneten. Für circa 5 Minuten auf die Seite stellen.
3. In dieser Zeit könnt ihr die Bohnen kurz abbrausen und putzen. Das heißt die beiden Enden abschneiden und eventuell die Fäden abziehen.
4. Einen Topf mit reichlich Wasser und dem Salz zum Kochen bringen.
5. Während das Wasser warm wird, könnt ihr euch wieder den Kartoffeln zuwenden. Kippt die Kartoffelpampe auf ein Geschirrtuch, nehmt die Enden zusammen und dreht es zu einem engen Säckchen. Jetzt läuft einiges an Flüssigkeit raus. Geht also damit am besten über die Spüle.
6. 2–3 EL Öl in eine beschichtete Pfanne geben und erhitzen. Die Hälfte der Kartoffelmatsche in die Pfanne geben, gleichmäßig verteilen, rund formen und andrücken.
7. Bei mittlerer Hitze und aufgelegtem Deckel das Rösti circa 10 Minuten goldbraun braten. Dann wenden und noch mal für circa 10 Minuten braten.
8. Da das Wasser inzwischen bestimmt kocht, könnt ihr jetzt die Bohnen reinschmeißen und in ungefähr 3–4 Minuten bissfest garen.
9. Dann die Bohnen durch ein Sieb abgießen und mit kaltem Wasser abschrecken. Dadurch bleiben sie schön grün.
10. Jetzt nur noch etwas Butter in einem Topf schmelzen, die Bohnen darin schwenken und mit Salz und Pfeffer abschmecken.

Jetzt seid ihr fast fertig. Also Zeit für das große Finale!

11. **Die fertigen Rouladen aus dem Topf nehmen und warm stellen.**
12. **Für die Soße nun das Gemüse und den Schmorsud durch ein Sieb gießen. Fangt die Flüssigkeit in einem kleinen Topf auf, streicht das Gemüse durch das Sieb und kocht alles noch einmal für circa 3–5 Minuten auf. Wem das zu kompliziert ist: Ihr könnt auch einfach alles mit einem Stabmixer pürieren, nachdem ihr die Rouladen rausgenommen habt.**
13. **Die fertige Soße mit Salz und Pfeffer abschmecken.**

Jetzt könnt ihr schon anrichten: Roulade auf den Teller, Rösti daneben, Bohnen dazu und alles mit etwas Soße übergießen. Fertig! Könnt ich mich reinlegen, so lecker ist das!

Die Rouladen mit Rösti und Bohnen waren damals eines unserer sogenannten Sonntagsessen. Also was Besonderes, das ich auch entsprechend gefeiert habe. Das Rezept dazu stammt aber nicht etwa von meiner Mutter oder meinem Papa, sondern wird schon seit Generationen im Hause Krell weitervererbt!

Auch ich koche es inzwischen ab und zu selbst, wenn ich Freunde zu Gast habe und ihnen etwas Besonderes bieten will. Dass es denen dann auch so gut schmeckt, liegt natürlich an meinen Kochkünsten. Na gut, auch an dem grandiosen Rezept und den guten Zutaten. Aber ein kleines bisschen auch an etwas anderem: den Röstaromen. Und die gibt es nicht nur bei den leckeren Rösti.

Was sind Röstaromen? Das check ich für euch!

Checker FRAGE

Was sind Röstaromen?

Das Wort »rösten« stammt eigentlich von »auf dem Rost braten« ab. Es ist also eine trockene Garmethode, bei der keine Flüssigkeiten oder Fette verwendet werden. Man kann ganz viele Lebensmittel rösten: Nüsse oder Kaffee zum Beispiel. Ihr kennt das in jedem Fall von eurem Toaster, denn der röstet euer Toastbrot.

Und wie ihr wahrscheinlich auch schon mal festgestellt habt, schmeckt das Brot nach dem Toasten anders. Irgendwie herzhafter. Leckerer. Dafür verantwortlich sind die sogenannten Röstaromen.

AROMA

Das Wort »Aroma« stammt aus dem Griechischen und bedeutet ursprünglich »Gewürz«. Heute bezeichnet »Aroma« den besonderen Geruch oder Geschmack eines Lebensmittels.

Werden nämlich kohlenhydrat- und eiweißhaltige Lebensmittel erhitzt, gibt es eine chemische Reaktion. Dabei verbinden sich vor allem Zucker- und Eiweißmoleküle zu etwas Neuem: den sogenannten Röstaromen, auch Röststoffe oder »Melanoide« genannt.

Die sorgen für die dunkle Farbe und den leckeren Geschmack. Je länger das passiert, desto intensiver wird der Geschmack – den aber nicht jeder Mensch gleich wahrnimmt. Es gilt also auch beim Rösten: alles Geschmackssache.

Wir Deutschen sind ja echt gut im Brotbacken und ziemlich berühmt für unser Brot. Also nicht nur für Toastbrot, sondern für alle Brote. Es gibt Tausende verschiedene Brotsorten, hergestellt werden sie aber immer mit Getreidemehl, zum Beispiel aus Weizen, Roggen oder Dinkel. Aber wie macht man das eigentlich?

Wie wird Korn zu Mehl? Das check ich für euch!

Checker FRAGE

Wie wird Korn zu Mehl?

Zuallererst muss das Getreide natürlich geerntet werden. Früher machte man das alles noch per Hand, heutzutage geht das zum Glück einfacher. Und deswegen durfte ich was richtig Cooles machen, Leute: Mähdrescher fahren!

Die Messer des Mähdreschers schneiden die Halme ab, die dann nach innen befördert werden. Im Inneren des Mähdreschers wird das Getreide gedroschen. Das bedeutet, die Getreidekörner werden vom Rest getrennt und in einem Tank gesammelt. Alles, was wir nicht brauchen, fliegt hinten wieder raus und wird dann später als Stroh für Stalltiere genutzt. Ziemlich bequem, kann ich euch verraten.

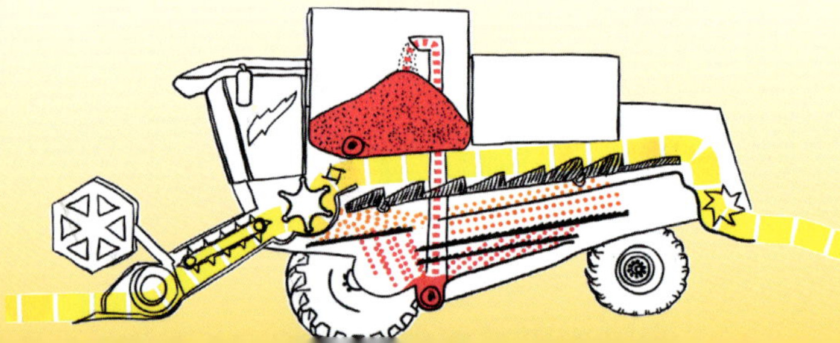

Danach wandern die gesammelten Getreidekörner zum Müller und werden dort gemahlen. Dabei werden die Körner von großen Stahlwalzen aufgebrochen, damit der feine Mehlstaub im Inneren der Körner freigesetzt wird. Danach wird so oft gesiebt, bis sich auch der letzte Krümel Schale vom feinen Mehlstaub gelöst hat. Übrig bleibt dann genau das feine weiße Mehl, das wir alle kennen.

Wenn man die Schale nicht mit Sieben herausfiltert, sondern einfach nur alles immer feiner zermahlt – bekommt man Vollkornmehl. Also Mehl, in dem das volle Korn in zerkleinerter Form noch drin ist.

FRAGE gecheckt!

Brot ist nicht nur für alle Menschen ein Grundnahrungsmittel, sondern spielte auch ganz besonders für mich zu meiner Schulzeit eine absolute Hauptrolle.

Denn das, worauf ich am allermeisten stolz war, worum ich superoft beneidet wurde und was unter gar keinen Umständen fehlen durfte, war mein Pausenbrot! Ganz wichtig war immer das Körnerbrötchen – und natürlich ein gekochtes Ei. Und was sonst noch alles drauf musste, um ein perfektes Checker-Tobi-Pausenbrot zu sein, erfahrt ihr jetzt.

DIE CHECKER-TOBI-SPEZIAL-PAUSENBROTE

BIG SANDWICH MIT KRÄUTERQUARK

IHR BRAUCHT:

1 ½ EL Schnittlauchröllchen

2–3 mittelgroße Basilikumblätter

1 Stiel glatte Petersilie

250 g Quark (halbfett)

1 Prise geriebener Majoran

1 Prise Muskatnuss

Salz

frisch gemahlener schwarzer Pfeffer

4–6 Kirschtomaten

4 Radieschen

3 Scheiben Sandwich-Toast

etwas Butter

Ca. 6 Salatblätter (z. B. Lollo bianco, Novita)

4 Scheiben milder Käse

UND SO GEHT'S:

1. Am Vortag könnt ihr (oder eure Eltern) bereits den Quark vorbereiten, dann geht's morgens schneller: Dafür die Kräuter abbrausen, trocken schütteln und in kleine Stücke hacken.
2. Den Quark in einer Schüssel mit dem Schnittlauch, dem Basilikum und der Petersilie verrühren. Den Aufstrich pikant abschmecken mit Majoran, Muskatnuss, Salz und Pfeffer.
3. In einer Frischhaltebox in den Kühlschrank stellen, das ist ungefähr ein Vorrat für 2–3 Tage.
4. Am Schultag dann nur noch Tomaten und Radieschen putzen und in Scheiben schneiden.
5. Die Toastscheiben dünn mit Butter bestreichen und dann in Schichten belegen: von unten angefangen mit Kräuterquark, Salatblättern, Käse, Radieschen, Tomaten. Und für die zweite Schicht wieder von vorne anfangen: Toast, Kräuterquark und so weiter.
6. Mit dem dritten Toastbrot das Sandwich abschließen und in ein Stück Butterbrotpapier einschlagen.
7. So lecker das Sandwich auch ist – manchmal möchte man ja auch ein wenig Abwechslung. Oder euer Gehirn braucht eine Extraportion Energie. Dafür sind unter anderem B-Vitamine zuständig – und die gibt's dank Aprikosen und Nüssen zuhauf in unserem nächsten Pausenbrot.

SUPERHIRN-BRÖTCHEN

IHR BRAUCHT FÜR DAS BRÖTCHEN:

¼ Karotte

¼ Bund Rucola

200 g Frischkäse

Salz

frisch gemahlener schwarzer Pfeffer

1 Spritzer Zitronensaft

1 Klecks mittelscharfer Senf

1 (Aufback-)Brötchen (Brot geht natürlich auch)

2–3 Scheiben gekochter Schinken

¼ Paprikaschote (Farbe nach Belieben)

UND SO GEHT'S:

1. Für den Aufstrich die Karotte putzen und grob raspeln.
2. Den Rucola waschen, trocken schütteln und einige Blätter beiseitelegen.
3. Den übrigen Rucola zusammen mit dem Frischkäse in einen Rührbecher geben. Mit dem Pürierstab grob pürieren und mit Salz, Pfeffer, Zitronensaft und Senf abschmecken.
4. Jetzt das Brötchen in der Mitte halbieren. Eine Hälfte mit Rucola-Frischkäse bestreichen, dann die Rucola-Blätter und darauf die Schinkenscheiben legen. Auf den Schinken einen Kleks Rucola-Frischkäse geben und mit der zweiten Brötchenhälfte bedecken.
5. In ein Stück Butterbrotpapier einschlagen.
6. Die Paprika waschen, halbieren und vierteln. Das Viertel in Streifen schneiden und in eure Brotbox packen.

IHR BRAUCHT FÜR DIE SUPERHIRN-MISCHUNG:

1 EL Pistazienkerne

1 EL Walnusshälften

3 Soft-Aprikosen

4 ganze Mandeln

4 getrocknete Apfelscheiben

UND SO GEHT'S:

1. Einfach alle Zutaten in eine kleine Box, ein verschließbares Glas oder ein Papiertütchen füllen, alles rein in den Schulranzen und auf die Pause warten.

   Natürlich könnt ihr das Brötchen und die Superhirn-Mischung einfach so abwechselnd essen – am leckersten fand ich es allerdings immer zusammen: einmal vom Brot abbeißen, Paprika anknabbern und 'ne kleine Handvoll Superhirn-Mischung mit in den Mund. Mhmmm. Superlecker!

Weil mein Papa in Vollzeit gearbeitet hat und meine Mama halbtags berufstätig war, kam es manchmal auch vor, dass meine Geschwister und ich selbst für unser Mittagessen gesorgt haben. Na gut, wir haben das von meiner Mama vorbereitete Essen selbst in den Backofen geschoben. Eines der einfachsten und dabei beliebtesten Gerichte war neben der Römertopflasagne zweifellos der Kartoffel-Nudel-Auflauf. Und das nicht nur bei uns! Auch meine Freunde, die mich nach der Schule besucht haben, liebten ihn sehr. Manche bestellten ihn bei meiner Mama sogar extra, wenn klar war, dass sie mit zu mir kommen würden. Den Kartoffel-Nudel-Auflauf gab es echt nur im Hause Krell.

Also auch so 'ne coole Rezepterfindung meiner Mama, die ohne Nudeln nicht möglich gewesen wäre, die ja bekanntlich aus Italien kommen. Oder?

Wer hat die Nudeln erfunden? Das check ich für euch nach dem Rezept!

MAMA KRELLS KARTOFFEL-NUDEL-AUFLAUF

IHR BRAUCHT FÜR DEN AUFLAUF:

150 g Hörnchen-Nudeln

300 g gekochte Kartoffel vom Vortag

1 Zwiebel

100 g Speck oder Dörrfleisch

100 g Erbsen

80 g Schmand

Salz

frisch gemahlener schwarzer Pfeffer

Paprikapulver

150 g geriebenen Gouda

UND SO GEHT'S:

1. Die Nudeln bissfest garen.
2. Die Kartoffeln in Würfel schneiden.
3. Die Zwiebel schälen, in Ringe schneiden und mit dem Speck (oder Dörrfleisch) anbraten.
4. Alle Zutaten vermengen und mit Salz, Pfeffer und etwas Paprikapulver würzen.
5. In eine Auflaufform geben, mit Käse bestreuen und bei 200 °C (Ober-/Unterhitze) im vorgeheizten Backofen 25–35 Minuten bräunen lassen.

Dazu passt übrigens hervorragend ein frischer grüner Salat. Und ein ganz einfaches Dressing, das ihr zubereiten könnt, solange der Auflauf im Ofen ist, macht ihr so …

IHR BRAUCHT FÜR DEN SALAT:

4 EL Zitronensaft

3 EL Apfelsaft

4 EL Olivenöl

8 klein geschnittene Basilikumblätter

Salz

frisch gemahlener schwarzer Pfeffer

Salat (zum Beispiel Feldsalat)

UND SO GEHT'S:

1. Einfach alle Zutaten in einer kleinen Schüssel verrühren und über den Salat kippen.

Checker FRAGE

Wer hat die Nudeln erfunden?

Klar, wer kennt sie nicht, die Spaghetti, Rigatoni, Linguine, Maccheroni und wie sie alle heißen. Pasta ist als italienisches Nationalgericht in aller Munde. Aber in wessen Mund waren sie zuerst? Die Antwort war über Jahrhunderte gar nicht so einfach, denn wie das bei uralten, weltbewegenden Erfindungen oft so ist – am Ende wollen es alle gewesen sein. Deswegen ist der Ursprung der Nudel auch eine Geschichte mit mehr Wendungen als eine Fusilli-Nudel.

Denn nicht nur die Italiener behaupteten, die Nudel erfunden zu haben. Einer Legende nach waren die Araber für die Einfuhr der Nudel nach Europa verantwortlich, als sie Sizilien im 8. Jahrhundert besetzt hatten – und somit den italienischen Gaumen vor rund 1300 Jahren überhaupt erst auf den Geschmack gebracht haben wollen.

Um das Gegenteil zu beweisen, holten die Italiener das erste bekannte Kochbuch überhaupt hervor: Im Jahr 25 vor Christus verfasste der Römer Apicius nämlich tatsächlich schon einige Rezepte für Nudeln! Pasta war also nachweislich über 2000 Jahre alt – doch die letzte Nudel ist damit noch lange nicht gegessen!

Archäologen fanden nämlich in Gräbern aus der Zeit des antiken Griechenlands, also ungefähr 400 vor Christus, tatsächlich Abbildungen von Geräten, die zur Nudelherstellung benötigt wurden. Haben wir die Nudel also den alten Griechen zu verdanken, wie so vieles andere auch in unserer heutigen Kultur? Wieder falsch. Die momentan älteste Nudel der Welt fand sich nämlich in China! Dort wurde bei Ausgrabungen eine rund 4000 Jahre alte versiegelte Steingutschale gefunden! Die darin gut gealterten Hirsenudeln sollen über einen halben Meter lang gewesen sein und einen Durchmesser von 3 Millimetern gehabt haben: Die Urnudel war also allem Anschein nach eine Art chinesische Spaghetti.

FRAGE gecheckt!

Letztlich ist es ja aber auch gar nicht so wichtig, ob nun Italien, Asien oder Griechenland – inzwischen gibt es überall auf der Welt wahnsinnig viele leckere Nudelgerichte und entscheidend ist nicht, wo die Nudel herkommt, sondern wie sie zubereitet wird.

Eine meiner wichtigsten Lieblingszutaten dafür sind seit meiner Jugend Kräuter – die man übrigens bei so ziemlich allen Gerichten brauchen kann, nicht nur bei Nudeln!

DIE WICHTIGSTEN KÜCHENKRÄUTER

Petersilie: In Suppen, Eintöpfen, Soßen und Salaten beliebt und damit ein wahrer Klassiker der Küche – und darüber hinaus auch noch reich an den Vitaminen A, B_1 bis B_6, C und K.

Rosmarin: Der mediterrane Rosmarin fühlt sich auch in deutschen Gärten wohl und verfeinert Fleisch-, Fisch- und Gemüsegerichte.

Bärlauch: Ist verwandt mit Schnittlauch und Knoblauch, schmeckt auch ganz ähnlich – man stinkt aber hinterher nicht so. Reich an Vitamin C, Magnesium und Eisen.

Koriander: Besitzt einen speziellen Geschmack und wird gern in der asiatischen Küche verwendet.

Minze: Passt nicht nur zu Kaugummi, sondern auch zu Süßspeisen. Besonders lecker als frisch aufgebrühter Tee.

Thymian: Seine ätherischen Öle finden oft Verwendung bei Husten und Schnupfen – darüber hinaus aber auch sehr lecker zu Fleisch, Fisch oder Kartoffeln oder Pilzen.

Schnittlauch: Ähnlich wie Petersilie ein echter Klassiker. Passt fast immer – vor allem im Kräuterquark und bei Kartoffelsalat. Und zum Frühstücksei! Mhmmm!

Dill: Perfekt für Fisch und Gurkensalat, passt aber auch in Kräuterquark oder Salatdressings.

Basilikum: Aus der italienischen Küche nicht wegzudenken. Veredelt jede Tomatensoße und ist darüber hinaus auch noch reich an Kalium, Magnesium, Kalzium und den Vitaminen A und B.

Wenn ich als Jugendlicher spät vom Turntraining nach Hause gekommen bin, hatte ich immer einen Bärenhunger!

Und etwas, was ich mir dann voll gerne selbst gemacht habe, waren Nudeln mit Pesto, also mit einer ungekochten Kräuterpaste.

Könnte ich übrigens heute auch noch jeden Tag essen. Ist einfach ein super Gericht: schnell zubereitet,, einfach, immer lecker und mega-abwechslungsreich. Hier kommen meine liebsten drei Pesto-Varianten.

PESTO, PESTO, PESTO!

Zu diesen drei absolut köstlichen Pestos könnt ihr euch eure Lieblingsnudeln kochen.

KÜRBISKERN-RUCOLA-PESTO

IHR BRAUCHT FÜR CIRCA 200 G NUDELN:

30 g Kürbiskerne

30 g Parmesan

50 g Rucola

6 Minzblätter

1 TL Tomatenmark

80 ml Rapsöl

1 Spritzer Zitronensaft

Salz

frisch gemahlener schwarzer Pfeffer

UND SO GEHT'S:

1. Die Kürbiskerne in einer Pfanne (ohne Fett) rösten.
2. Abkühlen lassen und auf einem Brettchen klein hacken.
3. Parmesan fein reiben.
4. Den Rucola und die Minzblätter kalt abbrausen und trocken schütteln.
5. Für die Zubereitung des Pestos Kürbiskerne, Parmesan, Rucola, Minzblätter und Tomatenmark in ein hohes Gefäß geben.
6. Das Öl langsam einlaufen lassen, während ihr alles mit dem Pürierstab fein püriert.
7. Zum Schluss noch das Pesto mit Zitronensaft, Salz und Pfeffer abschmecken, mit einer Portion Nudeln auf eurem Teller vermengen und fertig.

PESTO HALTBAR MACHEN

Die meisten Pestos könnt ihr über längere Zeit im Kühlschrank aufbewahren, wenn ihr das Pesto in ein verschließbares Glas füllt und komplett mit Olivenöl bedeckt.

BASILIKUM-LIMETTEN-PESTO

IHR BRAUCHT FÜR CIRCA 200 G NUDELN:

25 g Pinienkerne

60 g Basilikum (circa 2 Bund)

40 g Parmesan

Saft von ½ Limette

80 ml Olivenöl

Salz

1 Prise Cayennepfeffer

UND SO GEHT'S:

1. Die Pinienkerne in einer Pfanne (ohne Fett) goldbraun anrösten.
2. Die Kerne nach dem Abkühlen auf einem Brettchen grob hacken.
3. Das Basilikum abbrausen und trocken schütteln.
4. Parmesan fein reiben und mit den Basilikumblättern in ein hohes Gefäß geben.
5. Den Limettensaft mit den Pinienkernen dazugeben.
6. Mit dem Stabmixer cremig rühren und dabei das Olivenöl einlaufen lassen.
7. Das Pesto mit Salz und Cayennepfeffer würzen.

SPINAT-PESTO (muss frisch zubereitet werden)

IHR BRAUCHT FÜR CIRCA 200 G NUDELN:

100 g frischer junger Spinat

30 g geriebener Pecorino

25 g gesalzene und geröstete Mandeln

1 Knoblauchzehe

80 ml Olivenöl

Salz

frisch gemahlener schwarzer Pfeffer

1 Spritzer Zitronensaft

UND SO GEHT'S:

1. Den Spinat verlesen, also von welken Blättern und Wurzeln befreien, kurz abbrausen und in einem Sieb abtropfen lassen.
2. Den Pecorino reiben und die Mandeln klein hacken.
3. Den Knoblauch abziehen und ebenfalls klein hacken.
4. Die Spinatblätter zusammen mit dem Pecorino, den Mandeln und der Knoblauchzehe in einen hohen Rührbecher geben. Mit einem Pürierstab die Zutaten fein mixen und dabei das Olivenöl einlaufen lassen.
5. Das Pesto mit Salz, Pfeffer und Zitronensaft abschmecken.

Es gibt unzählige Nudelarten – und wahrscheinlich auch ebenso viele Pesto-Varianten. Gemeinsam haben sie aber vor allem: Ich finde sie immer megalecker. Ich hoffe, ihr auch! Viel Spaß beim Nachmachen!

OMAS BRATAPFEL MIT VANILLESOSSE

IHR BRAUCHT FÜR DIE ÄPFEL:

Butter zum Ausreiben der Form
+ 20 g weiche Butter
für die Füllung
+ Butterflocken für den Apfeldeckel

1 EL Mandelblättchen

10 g getrocknete Cranberrys

30 g Soft-Aprikosen

100 g Haferflockenkekse

4 größere (säuerliche) Äpfel

1 Prise Zimt

1 Prise Nelke

Abrieb von 1 Bio-Zitrone

UND SO GEHT'S:

1. Den Ofen auf 200 °C (Ober-/Unterhitze) vorheizen.
2. Eine Auflaufform mit Butter ausreiben.
3. Mandelblättchen in einer beschichteten Pfanne (ohne Fett) goldbraun anrösten. Zum Abkühlen beiseitestellen.
4. Cranberrys und Aprikosen sehr klein schneiden. Kekse zerbröseln.
5. Die Äpfel waschen, den Deckel waagerecht abschneiden und beiseitelegen.
6. Die Kerngehäuse mit einem Löffel großzügig aus den Äpfel entfernen und die Äpfel in die vorbereitete Auflaufform setzen.
7. In einer Schüssel Butter, Cranberrys, Keksbrösel, Soft-Aprikosen, Mandelblättchen, Zimt und Nelke verkneten. Mit Zitronenabrieb abschmecken.
8. Die Füllung gebt ihr in die ausgehöhlten Äpfel, setzt die Apfeldeckel drauf und garniert sie jeweils mit einem Butterflöckchen.
9. Jetzt die Äpfel im Ofen für circa 20–30 Minuten weich backen.

   Während die Äpfel im Ofen sind, habt ihr genug Zeit, euch um die leckere Vanillesoße zu kümmern.

VANILLEZUCKER

Die Vanilleschote kann man nach dem Gebrauch unter Wasser abwaschen, trocknen und in ein Glas mit Zucker füllen. So bekommt ihr nach ein paar Tagen Vanillezucker.

IHR BRAUCHT FÜR DIE VANILLESOSSE:

500 ml Vollmilch

½ Vanilleschote (oder fertigen Vanillezucker)

30 g Zucker

1 Eigelb

20 g Speisestärke

UND SO GEHT'S:

1. Für die Soße die Milch in einen Topf geben.
2. 5 EL von dieser Milch abnehmen und in einer Schüssel beiseitestellen.
3. Die Vanilleschote auf ein Brett legen und halbieren. Eine Hälfte der Länge nach mit einem Messer aufschlitzen und das Mark mit der Messerspitze herauskratzen. Sowohl das Mark als auch die Schote in die Milch geben.
4. Den Zucker mit dem Eigelb und der Stärke in eine Schüssel geben und mit 5 EL Milch ganz glatt verrühren. Es sollen keine Klümpchen mehr zu sehen sein.
5. Die Milch im Topf aufkochen, die Vanilleschote entfernen und die Stärke-Zucker Zubereitung in die Milch fließen lassen.
6. Mit dem Schneebesen gut rühren. Sobald die Soße andickt, den Topf vom Herd nehmen.

   Jetzt nur noch die Soße etwas abkühlen lassen, zusammen mit den Äpfeln servieren und beim Essen ganz fest an eure Oma denken. Super, oder?

Der Bratapfel ist für mich echt ein richtiges »Oma-Essen«. Das gab es nur da! Meine Oma war die einzige Verwandte, die in meiner Nähe gewohnt hat. Entsprechend oft hab ich sie dann auch besucht. In den Ferien haben wir immer Streifzüge durch die benachbarten Streuobstwiesen gemacht – und dabei immer reichlich Äpfel gemopst! Das war wirklich super und daher muss ich immer, wenn ich Bratäpfel nur rieche, an meine Oma denken. Ein echtes Wohlfühlessen für mich.

Etwas anderes, was ich mit meiner Oma manchmal gemeinsam gemacht habe, waren Kresse-Eier zu Ostern. Auch noch so ein cooles Küchenkraut!

Und das liegt vor allem daran, dass man sie so unglaublich einfach zu Hause wachsen lassen kann.

Habt ihr Bock? Top! Dann mal los.

CHECKER TOBIS KRESSE-EIER

MIT-MACH-CHECK

IHR BRAUCHT:

Eier

Watte oder Küchenpapier

Kressesamen

LOS GEHT'S:

1. **Die Eier am oberen Ende oder in der Mitte aufgeschlagen. Das Innere könnt ihr ja zum Beispiel zu Rührei weiterverarbeiten.**
2. **Die leeren Eierschalen unter fließendem Wasser auswaschen.**
3. **Etwas Watte oder Küchenpapier locker ins Ei drücken und mit etwas Wasser befeuchten.**
4. **Dann die Kressesamen draufstreuen.**
5. **Noch mal etwas befeuchten, mit einer Folie bedecken und auf die Fensterbank stellen.**

Bereits am nächsten Tag könnt ihr sehen, dass die ersten Samen anfangen zu keimen. Und schon nach vier bis fünf Tagen wuchert ein schöner Busch Kresse aus eurem Ei! Voll lecker! Und wenn ihr sie bemalt, sind sie auch noch eine super Deko auf eurem Ostertisch!

Viel Spaß damit und guten Appetit!

WAS WÄCHST DENN DA?

Wer etwas Leckeres auf den Teller will, kommt an einem nicht vorbei: Pflanzen! Egal ob Müsli oder Pommes, Salat oder Pizza, von Apfel bis Zucchini: Ohne Pflanzen geht gar nix, Leute!

Und wenn wir nicht gerade selbst in der Natur herumstromern und zum Beispiel Wildkräuter sammeln, wachsen die Pflanzen, die auf unserem Teller landen, meist auf Feldern oder in Gewächshäusern. So wie in diesem hier von Gärtner Benny.

Er kennt sich richtig gut mit Pflanzen aus und hat mir erklärt, wie das mit dem Wachsen funktioniert. Mit diesen minikleinen Dingern hier, den Samen, fängt es immer an. Fast alle Pflanzen, die auf unserem Teller landen, sehen am Anfang irgendwie so aus.

Bevor ein Samen in die Erde kommt, muss diese erst einmal aufgelockert werden, um für genügend Wasser, Sauerstoff und Nährstoffe zu sorgen. Zu Hause im Garten oder im Gewächshaus passiert das von Hand, auf den großen Feldern mithilfe eines Traktors. Erst dann können wir die Samen in die Erde stecken.

Im Winter ernährt sich der Samen von den Nährstoffen aus der eigenen Schutzhülle. Pflanzt man ihn aber im Frühling ein, bekommt er ein Startzeichen: Bei genügend Wasser und Wärme springt die Schutzhülle auf und die Pflanze beginnt zu keimen, also zu wachsen. Die Nährstoffe holt sie sich jetzt direkt aus der Erde.

Nach einiger Zeit kann man dann ernten. Bei einem Radieschen ist das zum Beispiel bereits nach circa vier Wochen der Fall. Würde man es noch länger in der Erde stecken lassen, würde das Radieschen nach einer Weile blühen. Und in den Blüten stecken dann wieder neue Samen. Die könnte man dann im nächsten Frühjahr wieder aussäen und der Kreislauf würde von vorne beginnen.

Cool, oder? Normalerweise kann man alles Mögliche auf solchen Feldern anbauen: Möhren, Tomaten, Gurken und so weiter. So ein Feld könnte also zum Beispiel alles für einen leckeren Salat bereithalten. Tut es aber meistens nicht. Denn viele Bäuerinnen und Bauern sind inzwischen aus Kostengründen gezwungen, immer nur dasselbe anzubauen, sogenannte Monokulturen. Das bedeutet, dass über Jahre hinweg immer nur dieselbe Pflanze angebaut wird.

Das sieht dann nicht nur ziemlich langweilig aus, sondern ist auch für die Umwelt ein Problem: Steht nämlich nur eine einzige Pflanzensorte auf einem Feld, braucht diese eine Sorte logischerweise auch nur bestimmte Nährstoffe – die dafür aber in großen Mengen. Das heißt, an diesen Nährstoffen herrscht nach einiger Zeit ein ziemlicher Mangel, was dazu führt, dass die Pflanzen immer schlechter wachsen.

Um diesen Mangel auszugleichen, wird in der Landwirtschaft sehr oft in Fabriken hergestellter Dünger verwendet, der in großen Mengen auf die Felder gespritzt wird.

Zu viel von diesem Kunstdünger schadet allerdings dem Boden – und verunreinigt gleichzeitig unser Grundwasser. Also das Wasser, wovon wir alle leben. Um Schädlinge zu bekämpfen, die sich bei solchen Monokulturen viel häufiger einnisten, greift man in der Landwirtschaft dann häufig zu Giften.

Und das ist leider nicht nur schädlich für die Schädlinge – sondern für alle: den Boden, die Pflanzen, Tiere und letztlich auch uns Menschen.

PFLANZENGIFTE

Man unterscheidet drei Arten von Giften: Chemische Pestizide sind sogenannte Pflanzenschutzmittel. Sie zerstören Pflanzen und Lebewesen, die als schädlich angesehen werden. Herbizide wirken nur gegen spezielle Pflanzen und werden daher zur Unkrautvernichtung eingesetzt. Fungizide werden gegen Pilzbefall eingesetzt, Insektizide töten Insekten aller Art.

Leider gibt es neben Monokulturen und Pflanzengiften aber noch ein weiteres Umweltproblem: uns! Oder vielmehr: was wir täglich so einkaufen. Und das liegt nicht nur daran, dass bei Lebensmitteln aus dem Supermarkt unglaublich viel Verpackungsmüll anfällt ...

Nehmen wir mal Tomaten. Ganz oft kommen Tomaten nicht aus Deutschland, sondern werden zum Beispiel in Spanien angebaut, also ungefähr 1000 Kilometer weit weg. Einfach weil es da wärmer ist.

Das bedeutet aber natürlich, dass die Tomaten erst einmal hierhergebracht werden müssen. Dafür werden sie in Spanien mit Maschinen geerntet, dann in Lagerhallen gebracht und dort gekühlt, damit sie nicht schlecht werden.

Danach werden sie zum Flughafen gebracht, nach Deutschland geflogen, hier wieder weitertransportiert, wieder gelagert – bis sie dann irgendwann im Supermarkt landen.

Und ihr könnt euch ja vorstellen, dass bei all diesen Schritten haufenweise Maschinen zum Einsatz kommen, die immer auch jede Menge CO_2 in die Luft pusten. Und zu viel CO_2 in der Luft ist einer der Hauptgründe für den Klimawandel!

Zum Glück gibt es aber auch deutlich umweltfreundlichere Möglichkeiten, sich lecker zu ernähren, als Tomaten aus Spanien oder Erdbeeren aus Afrika: Lebensmittel, die ohne lange Transportwege und großen Energieaufwand auskommen. Am besten sind saisonale Lebensmittel aus eurer Region.

»Saisonal« heißt, dass gerade Erntesaison ist. Denn Obst und Gemüse reifen immer zu bestimmten Jahreszeiten: zum Beispiel Erdbeeren im Frühling, Kohl im Winter oder Äpfel im Herbst.

»Regional« bedeutet, dass die Lebensmittel aus eurer Region stammen, also in der Nähe eures Wohnorts gewachsen sind. Auch die sind inzwischen oft in Supermärkten gekennzeichnet, man bekommt sie aber auch in besonders guter Qualität auf vielen Wochenmärkten oder direkt bei den Bauernhöfen in den dortigen Hofläden.

Und damit hat man eigentlich alles beisammen, um sich umweltfreundlich, gesund und lecker zu ernähren. Wie? Das verrate ich euch im nächsten Kapitel.

HAUPTSAISON
NEBENSAISON
Deutsches Obst und Gemüse
SAISONKALENDER DER BVEO
DEUTSCHLAND
Mein Garten
Obst
ÄPFEL
APRIKOSEN
BIRNEN
BROMBEEREN
ERDBEEREN
HEIDELBEEREN
HIMBEEREN
JOHANNISBEEREN
MIRABELLEN & RENEKLODEN
PFLAUMEN & ZWETSCHGEN
STACHELBEEREN
SÜSSKIRSCHEN
Gemüse
BLUMENKOHL
BUSCHBOHNEN
DICKE BOHNEN
STANGENBOHNEN
BROKKOLI
CHAMPIGNONS
CHICORÉE
CHINAKOHL
ERBSEN
FELDSALAT
FENCHEL
FRÜHLINGSZWIEBELN
GRÜNKOHL
KARTOFFELN
KOHLRABI
KRÄUTER
KÜRBIS
LAUCH/PORREE
MAIRÜBEN
MANGOLD
MÖHREN
PAK CHOI
PAPRIKA
PASTINAKE
PETERSILIENWURZELN
RADIESCHEN
RETTICH
RHABARBER
ROSENKOHL
ROTE BETE
ROTKOHL
RUCOLA
SALATE*
SALATGURKE
SCHWARZER WINTERRETTICH
SCHWARZWURZELN
SELLERIEKNOLLEN
STANGENSELLERIE
SPARGEL
SPINAT
SPITZKOHL
STECKRÜBE
TOMATEN
WEISSKOHL
WIRSING
ZUCCHINI
ZUCKERMAIS
ZWIEBELN
www.deutsches-obst-und-gemuese.de
*Bataviasalat, Eissalat, Endiviensalat, Kopfsalat, bunte Salate, Mini Romana und Radicchio

FLEISCHLOS GLÜCKLICH

Eigentlich könnten wir uns problemlos jeden Tag von den zahllosen Obst-, Gemüse- und Getreidesorten ernähren, hätten immer etwas Leckeres auf dem Teller, wären gesund und es würde uns an nichts fehlen. Trotzdem essen die meisten von uns gerne Tiere. Ich auch – nicht häufig, aber ab und zu. Zum Beispiel auch mal 'ne schöne Currywurst. Mhmmm!

Viele von uns essen aber jeden Tag Fleisch oder Wurst! Das ist viel zu viel und aus mehreren Gründen auch echt bedenklich: Oft müssen die Tiere unter unwürdigen Bedingungen leben, die nichts mit artgerechter Haltung zu tun haben. Darüber hinaus schaden wir aber auch uns selbst und der Umwelt:

Neben dem riesigen Strombedarf der Fleischindustrie und ihrem gigantischen Wasserverbrauch, betrifft das vor allem auch unsere Luft. Obwohl Millionen Menschen auf der Welt nichts zu essen haben, werden rund 80 Prozent des landwirtschaftlich genutzten Bodens weltweit als Weidefläche verwendet oder um Tierfutter anzubauen. Dafür wurde allein in Südamerika in den letzten 40 Jahren knapp die Hälfte des Regenwaldes gerodet! Krass, oder? Jetzt stehen dort überall Rinder, die für einen großen Teil der umweltschädlichen Gase CO_2 und Methan verantwortlich sind – und es fehlen die Bäume, um diese in für uns überlebenswichtigen Sauerstoff umzuwandeln. Wir berauben uns selbst unserer Atemluft und befeuern stattdessen den Klimawandel.

Es gibt also echt viele gute Gründe, die gegen Fleisch sprechen – was nicht heißt, dass ihr jetzt nie mehr 'ne Currywurst essen dürft, oder so. Wenn ihr weniger und seltener Fleisch esst, dafür aber etwas besseres aus artgerechter Haltung, ist schon mal viel gewonnen. Das ist zwar meistens etwas teurer, aber ihr tut euch, den Tieren und der Umwelt etwas Gutes. Und darüber hinaus gibt es inzwischen auch viele Produkte aus Soja, Tofu oder zum Beispiel auf Erbsen- und Weizenbasis, die ganz ähnlich schmecken. Oder ihr ersetzt die Zutat Fleisch gleich durch etwas anderes. So wie wir bei unserem nächsten Rezept. Wird superlecker! Versprochen!

LINSEN-BOLO

DAS BRAUCHT IHR:

200 g rote Linsen

2 Karotten

1 Stangensellerie

1 Schalotte

1 Knoblauchzehe

2 EL ÖL

1 TL Thymian

1 TL Oregano

1 TL Paprikapulver

1 Prise Zucker

1 EL Tomatenmark

500 ml Gemüsebrühe

500 ml passierte Tomaten

1 Topf Basilikum

800 – 1000 g Nudeln, z. B. Orecchiette

Salz

frisch gemahlener schwarzer Pfeffer

Saft und Abrieb von 1 Zitrone

50 g Kuvertüre-Drops (Zartbitterschokolade)

50 g Parmesan, gerieben

UND SO GEHT'S:

1. Linsen gut waschen und abtropfen lassen.
2. Karotten und Stangensellerie putzen und klein würfeln, ebenso die Schalotte und den Knoblauch.
3. Die Schalottenwürfel mit 2 EL Olivenöl kurz in einem Topf andünsten und dann die Karotten und Stangensellerie hinzugeben. Alles für 3–4 Minuten anbraten, dann den Knoblauch kurz mitbraten.
4. Jetzt die Gewürze: Thymian, Oregano, Paprikapulver und Zucker dazugeben.
5. Nun das Tomatenmark dazu, kurz mitbraten und dann die Linsen mit in den Topf geben.
6. Mit der Gemüsebrühe ablöschen, die passierten Tomaten und rund ⅔ des abgebrausten Basilikums dazu.
7. Jetzt wird es entspannt: Das Ganze köchelt rund 15 Minuten vor sich hin, bis die Linsen weich sind. In dieser Zeit könnt ihr den Topf mit dem Nudelwasser aufsetzen und die Nudeln kochen.
8. Wenn die Linsen weich sind, schmeckt ihr eure Bolognese mit Salz, Pfeffer, dem Zitronensaft und ein wenig Zitronenabrieb ab.
9. Jetzt die Zartbitterkuvertüre unterrühren und schmelzen lassen. Das gibt den besonderen Pep!
10. Alles auf den Tellern anrichten, mit Parmesan bestreuen und mit den restlichen Basilikumblättchen garnieren. Fertig! Buon appetito!

SOMMERROLLEN MIT TEMPEH & ERDNUSS-SOSSE

IHR BRAUCHT FÜR DIE SOMMERROLLEN:

200 g Tempeh natur

100 g Cornflakes

1 Ei

1 EL Mehl

2 Prisen Paprikapulver

Salz

frisch gemahlener schwarzer Pfeffer

1 EL Öl

50 g frischer Spinat

1 Paprikaschote

2 Karotten

1 TL Zucker

½ Zitrone

1 kleine Gurke

4 Packungen Reispapier

UND SO GEHT'S:

1. Schneidet das Tempeh-Stück in ungefähr 1 cm breite Steifen und stellt zwei Teller bereit.
2. Die Cornflakes in eine Tüte geben und mit einem Nudelholz zerkleinern. In einen Teller macht ihr die Cornflakes, in den anderen Teller verquirlt ihr das Ei und verrührt es dann mit 1 EL Mehl und 3 EL Wasser zu einem glatten Teig, den ihr mit dem Paprikapulver, Salz und Pfeffer würzt.
3. Erhitzt eine Pfanne mit 1 EL Öl.
4. Jetzt die Tempeh-Streifen panieren: Also erst die einzelnen Streifen durch den Teig ziehen, dann durch die Cornflakes und ab damit in die Pfanne. Bei mittlerer Hitze ausbacken und dann auf die Seite legen.
5. Den gewaschenen Spinat in der Pfanne kurz zerfallen lassen und ebenso auf die Seite stellen.
6. Die Paprikaschote und die Karotten putzen und in feine Streifen schneiden. Einen kleinen Topf mit Wasser aufsetzen und 1 EL Salz und 1 TL Zucker zusammen mit dem Saft von ½ Zitrone hineingeben. Die Karotten kurz in dem kochenden Wasser blanchieren und bereitstellen.
7. Die kleine Gurke waschen und halbieren, das Kerngehäuse herausnehmen und ebenfalls in Streifen schneiden.

TEMPEH

Ähnlich wie Tofu ist Tempeh ein aus Sojabohnen hergestellter asiatischer Fleischersatz – und hat sogar die besseren Nährwerte: mehr Proteine, mehr Kohlenhydrate und mehr Ballaststoffe bei weniger Fett Mit seinem leicht nussigen Geschmack passt Tempeh zu einer Vielzahl an Gerichten.

SOMMERROLLEN MIT TEMPEH & ERDNUSS-SOSSE

IHR BRAUCHT FÜR DIE ERDNUSS-SOSSE:

400 g ungeschälte Erdnüsse

1 Prise Paprikapulver

1 Prise Piment d'Espelette

1 EL Kokosfett

Salz

1 TL Honig

Saft von 1 Limette

frisch gemahlener schwarzer Pfeffer

8. Für die Erdnusssoße die Erdnüsse schälen und in einer Pfanne rösten, bis sie eine leichte Farbe bekommen haben und angenehm riechen.
9. Nun Paprikapulver und Piment d'Espelette hinzugeben und kurz mitrösten.
10. Lasst die Masse leicht abkühlen und mixt sie dann auf höchster Stufe in einem Stand- oder mit einem Stabmixer.
11. Gebt 1 EL Kokosfett, Salz und 1 TL Honig dazu und mixt langsam weiter, bis eine cremige Masse entstanden ist.
12. Jetzt kommt das Spannendste: das Füllen! Legt vorher das Reispapier kurz ins Wasser, bis es weich ist, und breitet die Platten auf einem Brett aus. Als Erstes den Spinat auslegen, dann Paprika-, Gurken- und Karottenstreifen dazu und zuletzt einen der knusprigen Tempeh-Streifen. Und dann noch einmal umgekehrt: also eine Ladung Gemüsestreifen und zum Schluss etwas Spinat.
13. Schlagt jetzt das Reispapier von beiden Seiten ein und rollt es zu einer kleinen Rolle zusammen. Fertig ist unsere erste Sommerrolle!
14. Jetzt noch die Erdnusssoße mit dem Saft von 1 Limette, Salz und Pfeffer abschmecken und in eine Schale füllen!

Das Beste ist: Ihr dürft mit der Hand essen. Also schnappt euch eine Sommerrolle, dippt sie in die Erdnusssoße und ab in den Mund damit!

Also, Leute, ich liiiiebe ja Erdnüsse. Deswegen bin ich auch echter Fan von der Erdnusssoße, die es zu den Sommerrollen gibt. Allerdings ist so eine Erdnuss nicht nur total lecker und ein superbeliebter Snack, sondern kann leider für manche Menschen auch echt gefährlich werden: Sie zählt nämlich neben Kuhmilch, Hühnereiern und Weizen zu den häufigsten Lebensmitteln, die schon im Kindesalter Allergien auslösen!

Was ist eine Lebensmittelallergie? Das check ich für euch!

Checker FRAGE?

Was ist eine Lebensmittel-allergie?

Wenn Menschen etwas essen, wogegen sie allergisch sind, wehrt sich ihr Körper: die Nase läuft, die Augen tränen, die Atmung wird schwer oder ihr bekommt einen Hautausschlag. Das liegt an den sogenannten Allergenen. Das sind winzig kleine, natürlich vorkommende Eiweißkörper, die eigentlich für den menschlichen Körper keine Bedrohung darstellen. Sie sind also überhaupt nicht gefährlich – der Körper einer Allergikerin behandelt sie aber trotzdem so: Das Immunsystem springt an und entwickelt Antikörper dagegen!

Das heißt also, jedes Mal, wenn ihr mit dem speziellen Allergen in Kontakt kommt, schlägt eure Gesundheitspolizei Alarm und bekämpft die Eindringlinge. Und genau diese Überreaktion unseres Immunsystems nennt man Allergie.

Man kann übrigens nicht nur gegen Lebensmittel, sondern gegen alles Mögliche allergisch sein: zum Beispiel gegen Blütenpollen, Tierhaare oder sogar Hausstaub!

Ob ihr eine Allergie habt, könnt ihr bei einem Arzt checken lassen. Entweder untersucht der dann euer Blut oder er macht einen Hauttest. Dabei werden dann bestimmte Allergene auf eure Haut geträufelt – und wenn die reagiert, ihr also Pickel kriegt, sie rot wird oder juckt, seid ihr allergisch.

Bei vielen Allergien gibt es Möglichkeiten, diese zu bekämpfen und sogar zu heilen. Für Lebensmittelallergien gilt das leider nicht. Da heißt es dann einfach: die Allergene vermeiden. Also zum Beispiel geröstete Sonnenblumenkerne statt Erdnüsse. Ist ja auch lecker.

FRAGE gecheckt!

Spätestens seit ich für meinen ersten Kinofilm viel in Asien unterwegs war, liebe ich nicht nur Erdnusssoße, sondern auch Reis, das dortige Nahrungsmittel Nummer eins. Schmeckt einfach immer und ist darüber hinaus noch ziemlich gesund. Das Tollste am Reis finde ich persönlich aber, dass er nicht nur wahnsinnig umweltfreundlich produziert werden kann, sondern auch noch so unfassbar schön dabei aussieht.

Was sind Reisterrassen? Das check ich für euch!

Checker FRAGE

Was sind Reis-terrassen?

Reis gilt als die einzige Pflanze, die seit Jahrtausenden in Monokultur angebaut wird, ohne die Natur zu schädigen. Und zwar heute noch genau wie früher: per Hand, mithilfe von Wasserbüffeln und Tausenden Litern fließendem Wasser auf sogenannten Reisterrassen. Guckt mal, Leute. So sieht das aus. Wahnsinn, oder?

Dabei werden zunächst die Felder mithilfe eines Pflugs für die Aussaat vorbereitet. Dann werden die frisch gekeimten Pflanzen von Hand in die Felder gepflanzt, die danach durch Regen oder Flusswasser geflutet werden. Und zwar genau so wie vor Tausenden von Jahren auch: mithilfe eines genialen Systems aus Bambusrohren, Kanälen und Gräben, die das Wasser gleichmäßig von oben nach unten über alle Terrassen verteilen. Deshalb findet man solche Reisterrassen vor allem in bergigen Gebieten wie zum Beispiel Nepal, China, auf Bali oder den Philippinen.

Nachdem Tausende Liter Regen- oder Flusswasser geflossen sind, stehen und wachsen die Pflanzen im Wasser, was sie vor Ungeziefer schützt. Erst kurz vor der Ernte lassen die Bauern das Wasser ablaufen. Dann wird der Reis geerntet, gereinigt, getrocknet und landet vielleicht irgendwann auch auf eurem Teller.

FRAGE gecheckt!

Inzwischen gibt es zwar auch sogenannten Trockenreis, der ganz herkömmlich auf Feldern angebaut werden kann, allerdings ist diese Art des Anbaus sehr aufwendig, teuer und umweltschädlich.

Doch egal ob trocken oder nass: Reis ist unglaublich wandelbar und passt zu wahnsinnig vielen Gerichten – und ein besonders leckeres Gericht kommt jetzt.

GEMÜSEREIS MIT FETA-PÄCKCHEN

DAS BRAUCHT IHR FÜR DEN GEMÜSEREIS:

1 Lorbeerblatt

2 Pimentkörner

2 Nelken

250 g Basmatireis

1 EL + 1 TL gekörnte Brühe

100 g Zuckerschoten

1 rote Paprikaschote

1 gelbe Paprikaschote

1 Zucchini

1 Schalotte

1 EL Olivenöl

Salz

frisch gemahlener schwarzer Pfeffer

1 TL Thymian

1 EL Butter

UND SO GEHT'S:

1. Ein Gewürzsäckchen (befüllbaren Teebeutel) mit den Gewürzen außer der gekörnten Brühe vorbereiten.
2. Den Reis mit 500 ml Wasser in einen Topf geben, das Gewürzsäckchen und 1 EL gekörnte Brühe hinzugeben, das Ganze so lange kochen, bis der Reis nur noch ganz leicht mit Wasser bedeckt ist. Nun einen Deckel auflegen, von der Kochstelle nehmen und weitere 15 Minuten ziehen lassen.
3. Währenddessen könnt ihr euch schon ums Gemüse kümmern: die Zuckerschoten putzen (also die harten Enden abknipsen) und waschen, ebenso die rote und gelbe Paprika sowie die Zucchini.
4. Paprika und Zucchini in Würfel von circa 1 cm schneiden, die Zuckerschoten schräg in Streifen von 1 cm Breite schneiden.
5. Die Schalotte klein würfeln und in einer heißen Pfanne mit dem Olivenöl glasig andünsten.
6. Nun das restliche Gemüse hinzugeben mit Salz, Pfeffer und Thymian würzen. Mit wenig Hitze circa 10 Minuten braten.
7. 1 TL gekörnte Brühe in 250 ml Wasser auflösen, zum Gemüse geben und köcheln lassen, bis die Flüssigkeit weitestgehend verkocht ist.

PIMENT-ERSATZ

Piment wird auch als Nelkenpfeffer bezeichnet und lässt sich ersetzen, wenn ihr Nelken, Zimt und Muskat in gleichen Teilen vermischt.

GEMÜSEREIS MIT FETA-PÄCKCHEN

UND FÜR DIE FETA-PÄCKCHEN:

1 Tomate

40 g schwarze Oliven, entkernt

2 Päckchen Feta

Salz

frisch gemahlener schwarzer Pfeffer

Olivenöl

2 Blatt Backpapier

8. In der Zwischenzeit solltet ihr euch um die Feta-Päckchen kümmern. Dafür die Tomaten waschen und mit den Oliven in Scheiben schneiden.
9. Den Feta halbieren, auf ein halbiertes Backpapier setzen, die Tomatenscheiben obendrauf legen, und zum Schluss die Olivenscheiben.
10. Das Ganze mit Salz und Pfeffer würzen und mit Olivenöl beträufeln.
11. Jetzt den Feta wie ein Bonbon in Backpapier einpacken und bei 200 °C (Ober-/Unterhitze) im Ofen für circa 10–15 Minuten backen.
12. Zurück zum Gemüsereis: In den rührt ihr 1 EL Butter ein, nachdem ihr das Gewürzsäckchen entfernt habt.
13. Wahlweise jetzt den Reis zu dem Gemüse geben und vermischen oder getrennt voneinander auf einem Teller anrichten.
14. Jetzt nur noch die Feta-Päckchen aus dem Ofen dazu – und sich »guten Appetit« wünschen.

Die Zutaten für einen superleckeren Salat wie auf Seite 68 könnt ihr alle zu Hause im eigenen Garten anbauen.

Für alle, die keinen Garten haben, kommt das Gemüse aber natürlich von den Feldern der Bäuerinnen und Bauern. Was bald ein Problem darstellen könnte! Denn zum einen leben immer mehr Menschen auf der Welt, die alle was zu essen und irgendwo leben wollen. Und zum anderen steht durch den Klimawandel immer weniger Fläche für Landwirtschaft zur Verfügung. Zum Glück gibt es für dieses Problem aber bereits eine Lösungsidee. Und die funktioniert nicht nur auf dem Land, sondern sogar mitten in der Stadt!

Was ist Vertical Farming? Das check ich für euch nach dem Rezept für den kunterbunten Mitmach-Salat!

BUNTER MITMACH-SALAT MIT GEMÜSESCHNITZEREI

Bei diesem Rezept ist der Fantasie keine Grenze gesetzt, es ist alles erlaubt, was einem gefällt und schmeckt.

IHR BRAUCHT:

1 Schale Kirschtomaten

1 Lollo bianco

3 Karotten

1 Gurke

1 Bund Radieschen

1 rote Paprikaschote

500 g Rucola

4 Toastbrot-Scheiben

Frischkäse nach Belieben

Salz

frisch gemahlener schwarzer Pfeffer

160 ml Naturjoghurt

etwas Schnittlauch

6 EL Olivenöl

2 EL Apfelsaft

Saft von ½ Zitrone

1 Prise Zucker

DARÜBER HINAUS:

mehrere Gläser

zwei unterschiedlich große runde Ausstecher

UND SO GEHT'S:

1. Tomaten und Salat waschen, Karotten schälen und die Gurke in Scheiben schneiden.
2. Die Karotten in Scheiben schneiden, dann einen Teil davon in dünne Streifen schneiden.
3. Nun mit den Ausstechern einen Kreis mit Loch aus den Karottenscheiben ausstechen und die Karottenstäbe hindurchstecken.
4. Die Gurkenscheiben ebenfalls ausstechen und an die Glaswand »kleben«.
5. Den Salat zerrupfen und vorsichtig in die Gläser stopfen. Zwischen die Salatblätterschichten immer wieder geviertelte Radieschen und in größere Würfel geschnittene Paprika dazugeben.
6. Obendrauf den gewaschenen Rucola und die Kirschtomaten sowie das Karottenpäckchen platzieren.
7. Jetzt das Toastbrot toasten, mit Frischkäse, Salz, Pfeffer und den ausgestochenen Karotten belegen.
8. Wahlweise könnt ihr auch Schnittlauch in kleine Röllchen schneiden und das beschmierte Toastbrot damit bestreuen.
9. Jetzt nur noch das Dressing zusammenrühren: Also Joghurt, Olivenöl, Apfelsaft und den Zitronensaft mit Salz, Pfeffer und 1 kleine Prise Zucker verrühren, ins Glas kippen und fertig ist unser wunderschöner, kunstvoller Mitmach-Salat.

SHAKE ME

Was ist Vertical Farming?

Vertical Farming ist ein englischer Ausdruck und bedeutet so viel wie »senkrechte Landwirtschaft«. Die Pflanzen wachsen also nicht mehr auf großen Feldern, sondern auf wenigen Quadratmetern übereinander in mehreren Etagen. Wie in einem Hochhaus.
Für dieselbe Menge Obst und Gemüse benötigt man so nur einen Bruchteil von dem Platz, den man auf herkömmlichen Feldern brauchen würde.

Cool, oder? Möglich ist das durch eine optimale Raumtemperatur, die immer passende Luftfeuchtigkeit und eine Dauerbeleuchtung mit LED-Lampen. Die Pflanzen wachsen dabei auf Kunststoffnetzen und werden computergesteuert mit Wasser und Nährstoffen versorgt.

Neben der Platzersparnis haben diese vertikalen Farmen aber noch weitere Vorteile: Sie brauchen nur ein Zehntel des Wassers, Dünger wird zu einem großen Teil eingespart und Pflanzenschutzmittel werden überhaupt nicht verwendet, weil Schädlinge und Krankheiten dort nicht existieren. Und wenn diese Farmen mitten in der Stadt gebaut werden, verkürzen sich sogar noch lange Transportwege und der Ausstoß von Treibhausgasen wird verringert. Alles cool also?

Jein. Vertical Farming hat auch ein paar Nachteile. Das sind neben den hohen Kosten für die Errichtung solcher Gebäude vor allem die enormen Stromkosten. Momentan zumindest ist saisonales Gemüse auf dem Feld immer noch günstiger in der Herstellung – zumindest bei uns in Europa.

Anders sieht das in sehr heißen und trockenen Regionen aus, wie dem Nahen Osten: Deshalb steht bald in Dubai die weltweit größte vertikale Farm – durch die vielen Sonnenstunden kostengünstig mit Solarenergie betrieben. Und wer weiß? Vielleicht essen wir in Zukunft ja alle nur noch Salate, die im Hochhaus gewachsen sind.

Viele Menschen sind allerdings noch skeptisch, was diese Art von Lebensmittelherstellung betrifft. Sie empfinden Pflanzen, die nicht in der Erde wachsen, als unnatürlich. Dabei essen wir häufig schon ein Lebensmittel, bei dem das längst zutrifft: Pilze.

WAS SIND PILZE?

Pilze sind weder Obst noch Gemüse, sondern Lebewesen mit einzelnen Zellen und einem Zellkern. Sie gelten in der Biologie neben Tieren und Pflanzen als eine eigene Gattung.

Die Pilze aus dem Supermarkt sind oft sogenannte Zuchtpilze, die in speziellen Hallen ganzjährig ohne Erde wachsen. Und trotzdem werden sie massenhaft gekauft. Normalerweise wachsen die meisten Pilze aber in Wäldern. So wie dieser Maronenröhrling.

Wobei – streng genommen ist das hier gar nicht der Pilz, sondern nur ein winziger Teil davon: die Frucht eines Pilzes. Der eigentliche Pilz ist etwas ganz anderes.

Was ist ein Myzel? Das check ich für euch!

Was ist ein Myzel?

In der Erde breitet sich unter dem, was wir normalerweise Pilz nennen, ein riesiges Geflecht aus weißen Fäden aus, manchmal sogar über mehrere Kilometer: das sogenannte Myzel. Und diese Myzel-Fäden sind der eigentliche Pilz.

Das Myzel nimmt die Nahrung aus dem Boden auf und die Nährstoffe verteilen sich dabei über das ganze Netz. Deshalb solltet ihr Pilze auch nie ausreißen, sondern abschneiden. Sonst würdet ihr das Netz zerstören und damit auch die essbaren Früchte.

Pilze stehen übrigens deswegen so gerne bei Bäumen, weil sie eine sogenannte Symbiose eingehen. Also eine Art Freundschaft, von der beide profitieren. Das Myzel wickelt sich dabei um die Wurzeln der Bäume. So sind sie eng miteinander verbunden und können Nahrung austauschen.

Die Bäume versorgen die Pilze mit wichtigen Stoffen, die sie nicht selbst produzieren können, zum Beispiel Zucker. Im Gegenzug liefern die Pilze dem Baum Wasser. Denn das können die dünnen Myzel-Fäden leichter aus dem Boden ziehen als die dicken Wurzeln der Bäume.

Darüber hinaus zersetzt das Myzel tote Pflanzen und Tiere und stellt daraus besonders gute Erde mit vielen Nährstoffen her, die den Bäumen beim Wachsen helfen.

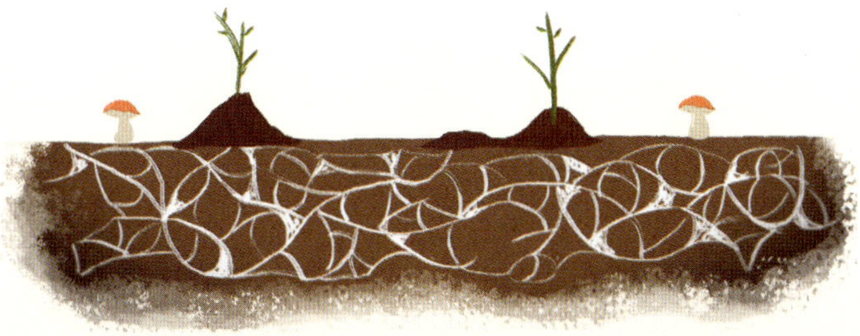

Ziemlich große Sache also, so ein Pilz!

FRAGE gecheckt!

Wenn ihr mal Pilze sammeln wollt, sucht daher am besten in der Nähe von Bäumen. Aber Vorsicht – viele Pilze sind giftig! Also niemals einfach so einen Pilz essen, sondern immer nur mit jemandem suchen, der sich auskennt. Und ein besonders schmackhaftes Gericht, das ihr danach zubereiten könnt, findet ihr im nächsten Rezept.

QUETSCHKARTOFFELN MIT PILZRAGOUT

IHR BRAUCHT:

4 große mehligkochende Kartoffel

Salz

700 g Pilze, z. B. Waldpilzmischung

1 Schalotte

1 EL Öl + etwas mehr zum Anbraten der Kartoffeln

1 Bund Petersilie, fein geschnitten

1 TL Majoran

1 TL Thymian

1 TL Dijonsenf

50 ml Weißwein (gibt's auch alkoholfrei, ansonsten Brühe)

250 ml Hafermilch

1 EL Cashewmus

Saft und Abrieb von ½ Zitrone

frisch gemahlener schwarzer Pfeffer

Cayennepfeffer

UND SO GEHT'S:

1. Die ganzen, ungeschälten Kartoffeln in gut gesalzenem Wasser kochen.
2. Falls nötig: Säubert die Pilze kurz mit einem kleinen Pinsel. Wenn ihr sie mit Wasser abwascht, saugen sie sich voll. Jetzt die Pilze in mundgerechte Stücke schneiden, also zum Beispiel Champignons vierteln.
3. Die Schalotte schälen, in kleine Würfel schneiden und in einer Pfanne mit 1 EL Öl glasig andünsten.
4. Pilze, ½ Bund Petersilie, Majoran, Thymian und Dijonsenf dazugeben und nach kurzem Braten mit dem Weißwein ablöschen.
5. Lasst es leicht einköcheln und gebt dann die Hafermilch, das Cashewmus und den Zitronensaft mit ein wenig Zitronenabrieb hinzu. Mit Cayennepfeffer, Salz und schwarzem Pfeffer abschmecken.
6. Jetzt könnt ihr das Ganze 10 Minuten vor sich hin köcheln lassen, bis die Soße cremig ist. In der Zeit könnt ihr euch um die Kartoffeln kümmern, dem spaßigsten Teil des Rezepts.
7. Schnappt euch ein Glas und zerquetscht die Kartoffeln, bis sie gut 1 cm dick sind. Sie sollten aber noch zusammenhängen. Also nicht übertreiben. Dann die Quetschkartoffeln in einer Pfanne mit Öl anbraten, bis sie gebräunt sind.
8. Das Pilzragout mit Salz, Pfeffer und Cayennepfeffer abschmecken, auf dem Teller verteilen, je 1 Quetschkartoffel draufsetzen, mit Petersilie verzieren und ran ans Besteck! Guten Appetit!

WANN SIND KARTOFFELN GAR?

Pikst mit einer Gabel in eine der Kartoffeln. Wenn sie sanft wieder hinuntergleitet, ist sie gar.

SELLERIESCHNITZEL IN HAFERFLOCKEN-PANADE MIT FÄCHERKARTOFFELN

IHR BRAUCHT:

1 Sellerie (circa 1200 g)

750 ml Milch

1 EL gekörnte Gemüsebrühe

1 TL Curry

4 große vorwiegend festkochende Kartoffeln

Olivenöl

Salz

frisch gemahlener schwarzer Pfeffer

40 g Butter

50 g Bergkäse

1 Bund Schnittlauch

200 g Frischkäse

100 g Mehl

2 Eier

300 g Haferflocken

Öl oder Butterschmalz zum Ausbacken

UND SO GEHT'S:

1. Den Ofen auf 200 °C (Ober-/Unterhitze) aufheizen. Den Sellerie schälen und in circa 1 cm dicke Scheiben schneiden.
2. In einem Topf Milch aufsetzen, die Selleriescheiben hineingeben und für 15–20 Minuten mit der Gemüsebrühe und dem Curry kochen.
3. Die Kartoffeln waschen. Damit die schöne Fächerform zustande kommt, müsst ihr jetzt mehrere Schlitze in die Kartoffeln schneiden. Also vorsichtig einschneiden – nicht durchschneiden! Das ist ganz wichtig! Braucht vielleicht etwas Übung, wirkt dafür auf dem Teller später umso toller!
4. Die geschlitzten Kartoffeln in eine Auflaufform geben und mit Olivenöl benetzen, sodass es in die Schlitze läuft. Reichlich salzen und pfeffern.
5. Die Kartoffeln für 35–40 Minuten in den Ofen geben.
6. Nach 40 Minuten checken, ob die Kartoffel gar ist. Das kann man super mit einem Holzstäbchen prüfen: Wenn die Kartoffel noch zu fest ist, noch mal rein damit in den Ofen.
7. Wenn die Kartoffeln gar sind: Butterflocken auf die Kartoffeln geben und weitere 10 Minuten backen.
8. Während die Kartoffeln im heißen Ofen vor sich hin schwitzen, könnt ihr den Bergkäse reiben und den gewaschenen Schnittlauch in Röllchen schneiden.
9. Dann alles mit dem Frischkäse und 1 EL Olivenöl vermischen, salzen und pfeffern.

Côté Table

SELLERIESCHNITZEL IN HAFERFLOCKEN-PANADE MIT FÄCHERKARTOFFELN

10. Auch ein Sellerieschnitzel will paniert sein. Dafür braucht ihr drei Teller mit Mehl, Ei und Hafer flocken. Den gegarten Sellerie aus der Milch nehmen, salzen und pfeffern und nun zuerst im Mehl, dann im Ei und zum Schluss in den Haferflocken wälzen, sodass sie schön bedeckt sind. Anschließend beiseitelegen.

11. Füllt die Frischkäsemischung in einen Spritzbeutel und spritzt einen Strang auf jede Kartoffel. Danach noch mal für 10 Minuten in den Ofen geben, bis der »Frischkäsewurm« schön gebräunt ist.

12. Jetzt wandern die Schnitzel in die Pfanne mit reichlich heißem Öl. Wenn sie goldgelb gebraten sind, herausnehmen und auf einem Küchentuch abtropfen lassen.

Dazu passt wunderbar noch etwas Frisches und Knackiges: zum Beispiel ein schneller Romanasalat. Für das Dressing einfach ein wenig Öl, Essig, Salz, Pfeffer und 1 Prise Zucker vermischen und über den gewaschenen Salat kippen.

Guten Appetit!

CHECKER TOBIS STANGEN-EI

MIT-MACH-CHECK

IHR BRAUCHT:

10 Eier

1 abgeschnittene Plastikflasche

1 Stock

1 Kochtopf und 2 Schüsseln

Eine Ernährung ohne Fleisch ist gesund, lecker und echt abwechslungsreich. Allein was man schon aus Eiern alles machen kann: zum Panieren benutzen, Pfannkuchen machen, als Rührei brutzeln oder zum Beispiel als ganz normales gekochtes Frühstücksei essen. Und wem das alles noch nicht genug Abwechslung ist, für den hab ich jetzt was Abgefahrenes: ein Stangen-Ei! **Habt ihr Bock? Dann los!**

UND SO GEHT'S:

1. **Erst mal Eiweiß und Eigelb trennen.**
2. **Dann füllt ihr das Eiweiß in die abgeschnittene Flasche.**
3. **Damit Platz für das Eigelb bleibt, steckt ihr einen Stock in die Flasche.**
4. **Jetzt so lange kochen, bis das Eiweiß stockt, also fest wird, und euer Stock fest sitzt.**
5. **Wenn ihr den Stock jetzt vorsichtig herauszieht, bleibt ein Loch, in das ihr das Eigelb füllt.**
6. **Jetzt kocht ihr das Ganze noch mal kurz auf, und schon habt ihr ein Stangen-Ei.**

Cool, oder?
Viel Spaß beim Nachmachen und guten Appetit!

WORAUS BESTEHT UNSER ESSEN

Um gesund und fit zu bleiben, braucht euer Körper Energie, sonst fühlt ihr euch schlapp und seid zu nichts zu gebrauchen. Ist ja auch klar – wenn der Akku leer ist, funktioniert das Handy nicht mehr und muss aufgeladen werden. Für uns Menschen bedeutet das: essen!

Alles, was ihr esst, wird im Körper in Einzelteile zerlegt und verarbeitet. Das ist der sogenannte Stoffwechsel. Um den Körper mit ausreichend Energie zu versorgen, müssen mit der Nahrung etwa 50 Nährstoffe aufgenommen werden. Klingt viel – ist es aber gar nicht, denn viele kommen gleichzeitig in den Nahrungsmitteln vor. Wie viel Energie aus den einzelnen Lebensmitteln gezogen werden kann, ist messbar und wird in den Einheiten Kilojoule (kJ) oder Kilokalorien (kcal) angegeben. Als wichtigste Energiequelle dienen dabei die sogenannten drei Makronährstoffe.

1. Kohlenhydrate

Kohlenhydrate haben mit Kohle trotz ihres Namens nichts zu tun. Sie sind für Kraft und Ausdauer verantwortlich und haben die größte Bedeutung für unseren Körper als Energielieferant. Vor allem Brot, Kartoffeln, Nudeln oder Obst sind voll davon.

Die Kohlenhydrate bestehen aus sogenannten Zuckermolekülen, deswegen haben sie oft einen schlechten Ruf als Dickmacher. Doch so einfach ist es nicht: Kartoffeln oder Nudeln beispielsweise haben gar nicht so viel Kalorien und der Körper kann sie nicht so leicht verwerten. Zum Glück, denn das sorgt dafür, dass wir nicht sofort wieder Hunger haben. Das Problem mit Zuckermolekülen sind eher Süßigkeiten. Der Unterschied ist nämlich, dass die der Körper sofort verwerten kann. Wir wollen also schnell wieder etwas Neues – das sorgt dafür, dass wir zu viel davon essen und dick werden.

2. Eiweiß

Der Name Eiweiß kann verwirrend sein, denn dabei denken wir automatisch erst mal an Hühnereier. Wissenschaftler nennen es deswegen Protein, sprich: Pro-te-iin.

Proteine sind total wichtig fürs Wachstum: Dank ihnen können Wunden heilen und neue Zellen entstehen. Ohne Protein wächst du auch nicht gut und die Muskeln werden schwach. Viel davon gibt es vor allem in Fleisch, Fisch, Milch, aber auch in Nüssen, Bohnen und Eiern. Und jetzt wird's verrückt: Im Hühnerei findet sich lustigerweise deutlich mehr Eiweiß im Dotter als im Eiweiß!

3. Fett

Grundsätzlich unterscheidet man zwei Arten von Fett: tierisches Fett wie zum Beispiel bei Butter und pflanzliches Fett wie bei Olivenöl. Fette zählen zu den wichtigsten Energielieferanten für unseren Körper. Wenn wir etwas essen, das Fett enthält, zum Beispiel Käse, wird das Fett im Magen in die einzelnen Bestandteile, sogenannte Fettsäuren, zerlegt und dann über das Blut im Körper verteilt.

Die Muskeln brauchen das Fett, damit sie sich gut bewegen können. Das ist wie so 'ne Art Kraftfutter für die Muskeln.

Braucht unser Körper gerade kein Fett, hebt er sich einfach welches für später auf. Er speichert das Fett im sogenannten Fettgewebe. Das haben wir überall im Körper, zum Beispiel am Bauch.

Das gespeicherte Fett ist also so 'ne Art Reserve. Wenn wir gerade mal nix zu essen haben oder besonders viel Energie brauchen, holt sich der Körper einfach die Energie aus dem gespeicherten Fett. Fett ist also überlebenswichtig. Das Problem ist nur: Wenn wir die ganze Zeit viel mehr Fett aufnehmen, als wir verbrauchen, werden wir irgendwann dick – und das ist auch nicht gesund.

Denn das überschüssige Fett tragen wir die ganze Zeit als Extrapaket mit uns herum – und das kann unsere Muskeln, Gelenke oder auch das Herz belasten.

Insofern gilt: ab und zu Pommes mit Mayo sind schon okay – wenn ihr auch Sport treibt oder euch draußen viel bewegt.

Neben den drei Makronährstoffen Kohlenhydrate, Proteine und Fette gibt es aber noch weitere Nährstoffe, die der Körper braucht. Da wären einmal die sogenannten Ballaststoffe, die der Körper nur schwer oder gar nicht verarbeiten kann. Wieso die dann trotzdem wichtig sind? Sie machen satt, aber nicht dick!

Außerdem braucht unser Körper noch verschiedene Spurenelemente. Zu den wichtigsten gehören dabei Eisen, Zink, Magnesium und Kalzium, was für die Stärkung der Knochen wichtig ist. Nicht zu vergessen die Vitamine, ohne die der Stoffwechsel gar nicht möglich wäre und die oft in Gemüse und Obst vorkommen.

WIESO IST VITAMIN D SO BESONDERS?

Vitamin D ist das einzige Vitamin, das der Körper auch selbst herstellen kann. Dafür braucht er Sonnenlicht. Das wandelt den Stoff Cholesterol auf der Haut in Vitamin D um.

VITAMINE

B^1

gibt's z. B. in Hülsenfrüchten, Fleisch oder Nüssen.

Es unterstützt den Energiestoffwechsel.

B^2

oft in Vollkorn, Milchprodukten, Eiern und Fisch.

Wichtig für Zellwachstum, gesunde Nägel und den Sauerstofftransport im Blut.

B^5

kommt viel vor in Gemüse, Krabben, Hülsenfrüchten und Sonnenblumenkernen und gibt dir Energie.

B^3

gibt's z. B. in Erdnüssen, Geflügel oder Fisch. Es ist wichtig für die Durchblutung und sorgt für einen guten Schlaf.

B^9

gibt's oft in Kürbis, Spinat oder Avocados.

Hilft beim Gewebeaufbau und Wachstum und ist besonders wichtig für Schwangere.

B^6

hilft bei der Eiweißverdauung und gibt's oft in Bananen, Nüssen oder Vollkornprodukten.

B^{12}

sorgt für rote Blutkörperchen.

Es findet sich z. B. in Milch, Fisch oder Fleisch.

A

kommt z. B. oft in Karotten vor.

Wichtig für die Augen, die Haut, die Knochen und die Zähne.

C

besonders viel in Zitrusfrüchten, Hagebutten und Kohl.

Stärkt die Abwehrkräfte, hemmt Entzündungen und hilft bei der Wundheilung.

H

gibt's oft in Avocados, Spinat, Milch- und Vollkornprodukten.

Gut für Haut und Haare, beugt Erschöpfung und Muskelschmerzen vor.

K

in Eiern, Zwiebeln, Haferflocken, Kiwis, Tomaten oder auch Kresse.

Hilft bei der Blutgerinnung und bei der Knochenbildung.

E

viel in Sonnenblumenöl, aber auch z. B. in Nüssen und Kohl.

Stärkt dein Immunsystem und wirkt entzündungshemmend.

Klingt megakompliziert und anstrengend? Ist es gar nicht. Was und wie viel wir am Tag idealerweise zu uns nehmen sollten, lässt sich sogar ganz einfach in der sogenannten **Ernährungspyramide** darstellen.

Darauf könnt ihr auch erkennen, dass der Mensch jeden Tag ungefähr 1,5 Liter Wasser oder andere Flüssigkeiten zu sich nehmen soll. Für den Menschen ist Wasser die kostbarste Lebensgrundlage. Wir können bis zu 40 Tage ohne feste Nahrung auskommen, aber nur drei bis vier Tage ohne Wasser. Krass, oder? Also immer schön trinken. Wasser wohlgemerkt, keine überzuckerte Limo.

Und was ihr eurem Körper darüber hinaus noch Gutes tun könnt, was auch noch superlecker schmeckt, verrate ich euch im nächsten Kapitel.

MACHT EUCH FIT!

Als ich ein Kind war, gab es eine berühmte Comicfigur namens Popeye. Den hab ich echt geliebt. Er war so stark wie ein echter Superheld – nur hatte er kein Cape an, sondern sah einfach aus wie ein Matrose. Und das Geheimnis seiner immensen Stärke war, ob ihr's glaubt oder nicht: Spinat! Er musste sich einfach nur eine Dose Spinat reinlöffeln, und schon ging's ab. Egal, was kam, Popeye konnte es wegboxen.

Ganz so einfach ist das in der Realität natürlich nicht. Trotzdem gilt, egal ob geistige oder körperliche Fitness: Die richtige Ernährung ist superwichtig, damit wir uns wohlfühlen und richtig abliefern können.

Dabei ist es wie so oft im Leben: Die richtige Mischung macht's. Wie zum Beispiel mit einem leckeren Salat! Der ist wie dafür gemacht, alle Nährstoffe, die uns guttun, in ein Gericht zu packen!

Ich weiß schon, was ihr jetzt vielleicht denkt: »Echt jetzt?! Salat? Du klingst wie meine Mama!« Aber soll ich euch was verraten, Leute? Manchmal haben Eltern auch einfach recht. Isso. Und das Coole am Salat ist ja, dass man alles Mögliche reinhauen kann. Je mehr, desto besser. So wird das Essen noch reichhaltiger und es ist auf jeden Fall für alle irgendwas dabei! Manche Salate sind sogar echt berühmt! Kennt ihr welche davon?

ROBERTAS SALAT-QUIZ

Ordnet den Bildern die richtigen Namen zu:

Waldorfsalat 1893 öffnete das berühmte New Yorker Hotel Waldorf Astoria seine Tore und servierte erstmals den »Waldorf Salad«: Weintrauben, Äpfel, Walnüsse und Stangensellerie, serviert auf grünem Salat.

Caesar Salad Ursprünglich 1924 in Mexico erfunden, ist er heute einer der beliebtesten Salate Amerikas: Romanasalatherzen, Parmesanspäne und geröstete Brotstücke (Croûtons). Das Dressing besteht meist aus rohen Eiern, Zitronensaft, Senf, geriebenem Parmesan, Knoblauch und Olivenöl.

Insalata Caprese Der Salat hat seinen Ursprung auf der italienischen Insel Capri, woher sich auch sein Name ableitet. Er besteht traditionell aus Tomaten, frischem Basilikum, Mozzarella aus Kuh- oder Büffelmilch, kalt gepresstem Olivenöl und Salz.

Und der Salat, den ich euch gleich vorstelle, hat echt das Zeug dazu, mindestens genauso berühmt zu werden. Lecker genug ist er auf jeden Fall dafür! Der Stoff, aus dem Helden gemacht werden: Checker Tobis Kraftsalat.

A

B

C

B: Waldorfsalat, A: Caesar Salad, C: Insalata Caprese

CHECKER TOBIS KRAFTSALAT

IHR BRAUCHT:

4 Eier

1 Brokkoli

Salz

1 Avocado

2 Karotten

1 Apfel

etwas Saft von 1 Zitrone

400 g Pilze
(z. B. Champignons)

7 EL Olivenöl

frisch gemahlener
schwarzer Pfeffer

1 EL Senf

2 EL Honig

1 EL heller Aceto balsamico

50 g Kürbiskerne

50 g Granatapfelkerne (geht auch super mit Blaubeeren)

UND SO GEHT'S:

1. Die Eier circa 10 Minuten kochen und danach sofort mit eiskaltem Wasser abschrecken, damit der Garprozess gestoppt wird.
2. Den Brokkoli in kleine Röschen schneiden und in gut gesalzenem Wasser 3–4 Minuten blanchieren. Danach auch die Brokkoliröschen sofort ins Eiswasser, damit die grüne Farbe bleibt.
3. Die Avocado halbieren, den Kern und die Schale entfernen und in dünne Streifen schneiden.
4. Die Karotten und den Apfel grob raspeln, Zitronensaft hinzugeben, damit der Apfel nicht braun wird.
5. Die Pilze putzen und vierteln, eine Pfanne mit 1 EL Olivenöl erhitzen und die Pilze darin kurz braten, dabei mit Salz und Pfeffer würzen.
6. Für das Dressing 6 EL Olivenöl, den Senf, den Honig und den Essig zusammengeben und verrühren.
7. Alles bis auf die Eier, die Kürbiskerne und die Granatapfelkerne zusammen in eine Schüssel geben, das Dressing dazu und ordentlich durchrühren.
8. Jetzt noch die Eier schälen, halbieren, in Viertel oder Scheiben schneiden und oben auf dem Salat drapieren. Kürbiskerne und Granatapfelkerne drüber – und fertig.

Sieht super aus – und gar nicht nach einem Salat, den ihr euch normalerweise vorstellt, oder? Also haut rein. Gerne auch kräftig.

...DER MACHT
MUCKIS!

RATATOUILLE-DÖNER

IHR BRAUCHT FÜR DIE FLADENBROTE:

30 g Hefe

210 ml lauwarmes Wasser

350 g Mehl + etwas mehr für die Arbeitsfläche

1 EL Olivenöl + etwas mehr zum Bestreichen

8 g Salz

Je 1 EL schwarzer und weißer Sesam

Salzflocken nach Belieben

IHR BRAUCHT FÜR DIE FÜLLUNG:

2 Auberginen

1 Zucchini

1 Paprikaschote

1 Lauchstange

½ Rotkohl

Salz

1 Prise Zucker

etwas Olivenöl

1 Knoblauchzehe

UND SO GEHT'S:

1. Die Hefe in dem Wasser auflösen, dann das Mehl zugeben, verrühren und für circa 10 Minuten gehen lassen.
2. Jetzt das Olivenöl und das Salz zugeben und für 8–10 Minuten kneten, am besten in der Küchenmaschine. Eine Kugel formen und in einer Schüssel mit einem Tuch abgedeckt 45 Minuten gehen lassen.
3. In dieser Zeit die Aubergine und die Zucchini in Scheiben aufschneiden, Paprika und Lauch in dünne Streifen.
4. Den Rotkohl fein hobeln und kräftig mit ½ TL Salz und 1 Prise Zucker vermengen.
5. Jetzt den fertigen Teig in 4 Teile teilen, auf einer leicht bemehlten Fläche zu runden Fladen ausrollen und noch mal für 15 Minuten gehen lassen.
6. Jetzt habt ihr Zeit, schon mal den Tisch zu decken, die Küche aufzuräumen, eure Geschwister zu ärgern oder einfach nur kurz Pause zu machen.
7. Dann die Fladenbrote ein wenig mit Olivenöl bestreichen, mit Sesam und den Salzflocken bestreuen, etwas andrücken und für 15 Minuten bei 220 °(Ober-/Unterhitze) in den Ofen geben.
8. In dieser Zeit in einer Pfanne das Olivenöl erhitzen, eine angedrückte Knoblauchzehe hineingeben und die Aubergine und die Zucchini darin braten. Zum Schluss den Lauch hineingeben und nur kurz mitbraten. Dabei unbedingt achtgeben, dass der Knoblauch nicht zu dunkel wird, sonst wird's bitter.

RATATOUILLE-DÖNER

frisch gemahlener schwarzer Pfeffer

1 TL Bockshornkleesaat

2 Mini-Romanasalat

1 EL Butter

1 EL Honig

400 g Joghurt, kann auch Sojajoghurt sein

Saft von 1 Zitrone

9. Das Ganze mit Salz, Pfeffer und Bockshornkleesaat würzen und warm halten.

10. Den Mini-Romanasalat von den äußeren Blättern befreien, in Viertel schneiden, in einer Pfanne die Butter erhitzen und die Romanaviertel ganz kurz braten. Mit Honig karamellisieren, salzen, pfeffern und ebenfalls warm stellen.

11. Für die Soße jetzt nur noch den Joghurt mit Olivenöl, Zitronensaft, Salz und Pfeffer würzen.

12. Wenn die Fladen fertig sind, aus dem Ofen nehmen und ein wenig auskühlen lassen, aufschneiden und rein mit der Füllung. Gerne mit allem. Und für mich immer auch »mit scharf«.

Unser Ratatouille-Döner ist natürlich ein Checker-Tobi-Spezial. Der klassische Döner Kebab hingegen steht wie kaum ein zweites Essen für die türkische Küche und ist für viele Deutsche inzwischen eines der beliebtesten Fast-Food-Gerichte überhaupt – und damit auch das perfekte Beispiel für eine gelungene Integration. Oder etwa doch nicht?

Zumindest hält sich bis heute bei einigen Leuten hartnäckig das Gerücht, dass er gar nicht aus der Türkei stammt, sondern in Wahrheit vor gut 50 Jahren in Berlin erfunden wurde! Aber kann das wirklich sein? Der Döner – so deutsch wie die Currywurst?

Woher stammt der Döner? Das check ich für euch!

Checker FRAGE

Woher stammt der Döner?

Der Begriff »Döner Kebab« ist auf jeden Fall türkisch. »Döner« bedeutet so viel wie »sich drehend« und »Kebab« ist das türkische Wort für gegrilltes Fleisch. Döner Kebab ist also »sich drehendes Grillfleisch«. Lange Jahre beanspruchte der Berliner Kadir Nurman, der Erfinder des Döners zu sein. Er kam als Gastarbeiter nach Deutschland, zog 1972 nach Berlin und kam dort auf die Idee, gegrilltes Fleisch und ein paar Zwiebeln in ein Fladenbrot zu legen. Verkauft hat er diesen ursprünglichen Döner – Salat, Tomate, Kraut und Soße kamen erst später dazu – in einem kleinen Laden gegenüber vom Bahnhof Zoo in Berlin.

Dann aber behauptete der Gastarbeiter Nevzat Salim, Döner bereits 1969 im schwäbischen Reutlingen verkauft zu haben – damals noch in ganz normalen Brötchen, weil es keine türkischen Bäcker gab. Und soll ich euch was sagen? Beide haben bestimmt zur Berühmtheit des Döners beigetragen, erfunden hat ihn aber keiner von beiden.

Erstmals wird der Kebab nämlich nachweislich im Jahr 1836 im türkischen Anatolien erwähnt. Zu der Zeit wurde der sogenannte »Şiş Kebab« noch auf einem normalen Spieß über Holzkohle gegrillt. Verwendet wurde damals nur

Hammelfleisch, also das Fleisch vom Schafbock. Das wurde zwar auch wie heutzutage, in Streifen geschnitten und in einen Brotteig gewickelt, aber erst rund 20 Jahre später tauchte dann erstmals der berühmte aufrecht stehende Grill auf, den wir alle mit einem Döner verbinden. Hier ist das erste Foto aus dem Jahr 1855.

Damit ist also ein für alle Mal klar: Auch wenn es in Berlin tatsächlich mehr Dönerbuden gibt als in Istanbul – der Döner Kebab ist schon fast 200 Jahre alt und eindeutig türkisch.

FRAGE gecheckt!

Vitamine und Mineralstoffe durch Salat, Zwiebeln, Kraut, Gurke und Tomate, dazu reichlich Proteine durch Fleisch oder Kichererbsen-Bällchen, auf arabisch Falafeln genannt: Für ein Fast-Food-Gericht ist so ein Döner echt erfreulich gesund. Das Ungesündeste daran ist noch das Fladenbrot und die leider oft in Fabriken gefertigte Soße. Trotzdem sind rund 450 Kalorien bei vegetarischen und 650 Kalorien bei fleischhaltigen Dönern echt in Ordnung.

Täglich solltet ihr das allerdings trotzdem nicht essen, allein schon wegen eurer Mitmenschen: Einige Zutaten davon lassen euch nämlich ordentlich furzen! **Echt! Wollt ihr wissen, welche?**

Checker FRAGE?

Warum müssen wir furzen?

Alles, was wir zu uns nehmen, wird von unserem Körper aufgenommen und verarbeitet. Der Verdauungsprozess startet im Grunde schon in der Sekunde, in der ihr euch was in den Mund steckt, und endet im Darm. Ist der unverdaute Nahrungsbrei dort angekommen – also das, was unser Körper eigentlich nicht mehr braucht –, beginnt die Arbeit von Millionen winziger Darmbakterien, die den Nahrungsbrei weiter zerkleinern und Wasser entziehen. Dabei sondern diese Bakterien ein stinkendes Gas ab. Millionen Mini-Fürze sozusagen. Und die geben wir dann irgendwann gesammelt nach draußen als Pups ab.

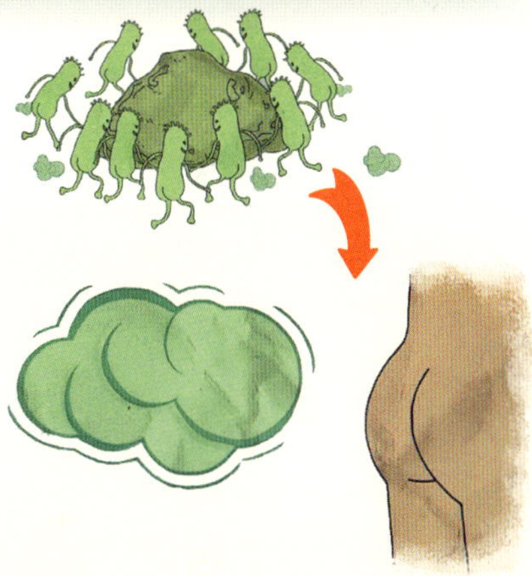

Wie sehr so ein Pups stinkt, hängt davon ab, was wir gegessen haben. Ganz besonders immer dann, wenn die Bakterien im Dickdarm viele ballaststoff- und schwefelhaltige Nahrungsmittel zerlegen.

Zu den besonders ballaststoffreichen Lebensmitteln gehören zum Beispiel Vollkornprodukte, Haferflocken oder eben auch Hülsenfrüchte wie Kichererbsen. Typische schwefelhaltige Produkte sind beispielsweise Milchprodukte, Kohl, Zwiebeln oder Fleisch.

Wenn unsere Bakterien zum Beispiel Reste von Tomaten und Reis oder auch Kartoffeln und Zucchini zersetzen, sondern sie Gase ab, die eigentlich kaum riechen. Dementsprechend stinken auch unsere Fürze viel weniger. Und egal, wie sie riechen, ob laut oder leise – Pupse sind wortwörtlich stinknormal! Das machen Menschen rund 15- bis 20-mal am Tag, mal mehr, mal weniger. Also echt kein Grund, sich zu schämen.

FRAGE gecheckt!

Ein weiteres Gericht, nach dem ihr richtig schön furzen könnt, kommt jetzt. Und ich kann euch versprechen: Superlecker ist es auch noch!

AY CARAMBA! CHILI CON CHICKEN

IHR BRAUCHT:

500 g Hühnerbrust (geht natürlich auch mit Fleischersatz)

1 gelbe Paprikaschote

1 rote Paprikaschote

1 Stange Staudensellerie

1 Schalotte

1 Knoblauchzehe

1 Chilischote

2 EL Öl

1 EL Tomatenmark

1 TL Kreuzkümmel

1 Prise Cayennepfeffer

400 ml Gemüsebrühe

1 Dose stückige Tomaten

1 Dose Mais (circa 250 g)

1 Dose Kidneybohnen (circa 400 g)

Salz

frisch gemahlener schwarzer Pfeffer

Saft von 1 Zitrone

etwas Zartbitterschokolade (optional)

etwas Schmand (optional)

UND SO GEHT'S:

1. Erst mal schnippeln: Die Hühnchenbrust in kleine Würfel, ebenso die gelbe und rote Paprika. Die äußeren Blätter des Staudenselleries entfernen, die Selleriestange waschen. Die Schalotte und den Knoblauch schälen. Dann alles kleinschneiden. Die Chilischote halbieren und entkernen, dann die Schote in ganz dünne Streifen schneiden.
2. Danach gut die Hände waschen, damit ihr euch die Chili von den Fingern nicht aus Versehen ins Auge reibt!
3. Öl in die Pfanne geben und die Schalottenwürfel kurz anschwitzen. Dann die klein gewürfelte Hühnchenbrust dazu und scharf – also heiß – anbraten.
4. Jetzt die Paprika, den Staudensellerie, den Knoblauch, die Chilischote und das Tomatenmark dazugeben.
5. Kreuzkümmel und Cayennepfeffer hinein und kurz braten lassen, dann mit der Brühe ablöschen und die Dosentomaten dazugeben. Für circa 20–25 Minuten köcheln lassen.
6. Wenn ihr was anderes als Brot dazu essen wollt, zum Beispiel Reis, wäre jetzt ein guter Moment, damit zu starten.
7. So oder so gilt aber: Den Mais und die Kidneybohnen in einem Sieb abspülen und abtropfen lassen.
8. Nach den 20–25 Minuten zu dem Chili geben und für weitere 10 Minuten köcheln lassen.
9. Mit Salz, Pfeffer und eventuell 1 Spritzer Zitronensaft abschmecken, auch hier kann man das Ganze mit Zartbitterschokolade wunderbar verfeinern.

Ob frisches Baguette oder ein Nussbrot: Beides passt wunderbar dazu. Und ein Klecks Schmand in eurer Schüssel sieht nicht nur hübsch aus, sondern nimmt auch gut die Schärfe, falls euer Chili mal zu scharf geworden ist.

ZUCCHINI-BRATLING MIT FELDSALAT UND KARTOFFELDRESSING

Das habe ich als Vorspeise letztens in einem schicken Restaurant gegessen – und musste es sofort zu Hause nachkochen! Schmeckte zwar nicht genauso, aber genauso gut! Die angegebene Menge ist daher auch eher als Vorspeise gedacht, als echtes Hauptgericht für vier Personen würde ich die Menge verdoppeln.

IHR BRAUCHT:

300 g Zucchini

Salz

1 kleine rote Zwiebel

3 EL frische Kräuter nach Wahl, z. B. Petersilie, Thymian, Koriander, Basilikum

3 EL Walnusskerne

1 Ei

2–3 EL Dinkelmehl + etwas mehr nach Bedarf

25 g Parmesan

1 Messerspitze Piment d'Espelette

½ TL Kurkumapulver

etwas frisch geriebene Muskatnuss

Salz

frisch gemahlener schwarzer Pfeffer

etwas Kokosöl

UND SO GEHT'S:

1. Die Zucchini grob raspeln, etwas salzen, in ein größeres Sieb geben und etwa 30 Minuten stehen lassen.
2. Die Zwiebel schälen und würfeln. Die Kräuter waschen und grob hacken.
3. Die Walnusskerne in einer Pfanne ohne Fett rösten, auskühlen lassen und grob hacken.
4. In einer Schüssel das Ei verquirlen und mit dem Mehl zu einem Teig vermengen.
5. Jetzt könnt ihr euch eigentlich schon mal um das Dressing kümmern (siehe Seite 100).
6. Nach der Ruhezeit der Zucchini das sich inzwischen angesammelte Wasser gründlich ausdrücken. Am besten quetscht einer von euch einfach die Hände rein und der oder die andere schüttet gleichzeitig die Flüssigkeit in die Spüle.
7. Jetzt die Zucchini-Raspel in die Schüssel zum Teig geben und alles grob vermischen.
8. Nüsse, Zwiebeln, Parmesan, Piment d'Espelette, Kurkuma, Muskatnuss und Kräuter zugeben und alles gründlich vermengen. Die Masse salzen und pfeffern. So viel Dinkelmehl zugeben, bis der Teig nicht mehr zu flüssig ist und sich gut zum Ausbraten eignet.
9. In einer großen Pfanne Kokosöl erhitzen. Aus der Zucchinimasse Kugeln von circa 80 g formen, in die Pfanne geben, ein wenig platt drücken und langsam bei geringer bis mittlerer Hitze braten, bis die Bratlinge schön gebräunt und durchgebacken sind.
10. Aus der Pfanne nehmen und auf einem Küchenpapier abtropfen lassen.

ZUCCHINI-BRATLING MIT FELDSALAT UND KARTOFFELDRESSING

FÜR DAS DRESSING UND DEN SALAT:

1 TL Salz

1 Kartoffel
(circa 80 g)

30 g Walnusskernhälften

250 g Feldsalat
(geht natürlich auch mit jedem anderen Blattsalat)

60 g Zwiebeln

1 EL neutrales Pflanzenöl

250 ml Gemüsebrühe

1 TL mittelscharfer Senf

2–3 EL milder Apfelessig

6 EL ÖL

½ TL Thymian

frisch gemahlener schwarzer Pfeffer

1 EL saure Sahne

FELDSALAT MIT KARTOFFELDRESSING:

1. Wenn ihr eine Kartoffel vom letzten Essen übrig habt, vergesst diesen Punkt: Einen Topf mit Salz und Wasser aufsetzen und zum Kochen bringen. Die Kartoffel schälen, grob würfeln, in den Topf geben und in ein paar Minuten weich garen.
2. Die Walnusshälften in einer beschichteten Pfanne ohne Öl anrösten. In eine Schüssel geben und beiseitestellen.
3. Jetzt den Feldsalat verlesen (also von welken Blättern und Wurzelwerk befreien), kalt abbrausen und durch ein Sieb gut abtropfen lassen.
4. Die Zwiebel schälen und klein würfeln. Das Öl in die Pfanne geben und erhitzen. Die Zwiebelwürfel in der Pfanne glasig anbraten. Mit der Brühe aufgießen und die Zwiebeln darin weich dünsten. Den Senf unterrühren.
5. Die weichen Kartoffelstücke in einen hohen Mixbecher geben.
6. Essig und Öl dazugeben. Mit dem Pürierstab cremig mixen.
7. Abschmecken mit Thymian, Salz, Pfeffer und saure Sahne unterrühren.
8. Den Feldsalat erst unmittelbar vor dem Servieren mit dem Dressing mischen.

Wenn ich als Kind Salat, Zucchini oder zum Beispiel auch Brokkoli vorgesetzt bekommen habe, musste ich oft besonders schwer schlucken. Von dem meisten Grünzeug war ich, vorsichtig formuliert, einfach kein Fan.

Kommt euch bekannt vor? Wundert mich gar nicht! Denn das ist völlig natürlich und bei fast allen Kindern so. Ehrlich! Und das liegt nicht etwa daran, dass Gemüse besonders eklig schmeckt oder es »zu gesund« ist, was ihr auf dem Teller habt. Es liegt ganz einfach an der Farbe!

Wieso mögen wir oft kein grünes Essen? Das check ich für euch!

Viele Wissenschaftler sind der Meinung, dass die kindliche Abneigung gegen Grünzeug schon fast so alt ist wie die Menschheit selbst. Und das mit gutem Grund: Als wir nämlich noch in Höhlen gelebt haben, war es für uns Menschen überlebenswichtig, nichts Giftiges zu essen.

Was gerade für die jüngsten Höhlenbewohner noch echt schwierig war, denn Babys stopfen sich ja bekanntlich gerne erst einmal alles in den Mund, was sie in die Finger kriegen können.

Sehr viele grüne Lebensmittel machten es ihnen aber einfach: Die Farbe bedeutete nämlich entweder meist »unreif«, aufgrund vorhandener Bitterstoffe »ungenießbar« oder tatsächlich »giftig«. Die kurze Formel lautete also: »Grün = bäh!«

Heutzutage wäre das natürlich überhaupt nicht mehr nötig, trotzdem hat die menschliche Entwicklung uns diesen Instinkt noch nicht wirklich abtrainiert.

Die gute Nachricht ist dabei für euch, Leute: Grüne Nahrungsmittel auf eurem Teller sind gar nicht giftig! Ihr könnt die essen! Ehrlich! Und die gute Nachricht für euch Eltern ist: Die Abneigung gegen grünes Essen vergeht irgendwann von ganz allein.

FRAGE gecheckt!

Ganz egal, welche Farbe: Gemüse ist superwichtig für uns und aus der Küche gar nicht wegzudenken. Mindestens 400 Gramm sollen wir laut der Weltgesundheitsorganisation über den Tag verteilt zu uns nehmen, also ungefähr drei Hände voll. Und das jeden Tag, Leute! Zweimal die Woche sollte hingegen etwas anderes auf dem Speiseplan stehen, was uns besonders viele Proteine und sogenannte Omega-3-Fettsäuren liefert. Die Rede ist von Fisch. Am allerbesten natürlich frisch geangelt.

So wie ich hier mit Fliegenfischer Niki – ansonsten tut's natürlich auch ein frischer Fisch vom Markt oder aus der Tiefkühltruhe. Niki hat mir während unseres Ausflugs übrigens erklärt, was das Allerallerwichtigste beim Angeln ist. **Was ist Waidgerechtigkeit? Das check ich für euch!**

Checker FRAGE

Was ist Waidgerechtigkeit?

Lange bevor der Tierschutz in Gesetzen verankert war, gab es für die Jagd und die Angelfischerei ungeschriebene Regeln: die sogenannte Waidgerechtigkeit. Diese Regeln haben sichergestellt, wie ein Tier gejagt und erbeutet werden soll: nämlich mit Achtung und Respekt. Schließlich ist es immer noch ein Lebewesen.

Diese Waidgerechtigkeit gilt für echte Angler immer noch und geht weit über jedes Tierschutzgesetz hinaus. Zum Beispiel soll ein Fisch eine faire Chance erhalten zu entkommen. Und es ist nicht waidgerecht, im Sommer den Standplatz von Hechten und Welsen als Taucher auszukundschaften.

Ein waidgerechter Angler würde sich dieses Wissen nur durch das reine Beobachten des Wassers von oben erarbeiten – eben ohne unfaire Hilfsmittel. Zum Beispiel, weil er beobachtet, wie der Hecht auf die Jagd geht.

Nach einem Fang ist es für waidgerechte Angler auch Ehrensache, dass der Fisch nicht länger leidet als absolut nötig. Er muss durch einen Schlag auf den Kopf betäubt und anschließend mit dem sogenannten Herzstich getötet werden. Nur dann ist es waidgerecht.

WAID

Der Begriff leitet sich aus dem Althochdeutschen ab und bedeutet so viel wie »jagdgemäß«. Jäger bezeichnen sich selbst auch als Waidmann. Dabei sind zwei Schreibweisen üblich: in Norddeutschland eher »Weidmann«, in Süddeutschland schreibt man ihn mit »ai«.

Klingt natürlich immer noch irgendwie grausam. Aber wenn wir schon Tiere für unser Essen töten müssen, dann doch am besten so: mit Achtung und Respekt dem Lebewesen gegenüber.

FRAGE gecheckt!

Heutzutage ist die Waidgerechtigkeit leider von der Gier nach Geld verdrängt worden: In der groß angelegten Fischerei wird oft mit riesigen Netzen gefischt, wobei die Fische dabei meist qualvoll in den prall gefüllten Netzen verenden. Und darüber hinaus sterben so jährlich auch noch ungewollt Millionen anderer Lebewesen wie Delfine, Wale oder zu kleine Fische, die sich in den Netzen verfangen und dann wieder halb tot ins Meer zurückgekippt werden, was sie meist nicht überleben. Echt uncool, Leute!

Daher gilt: Gerne Fisch essen, aber bitte so tierfreundlich und umweltgerecht wie möglich. Dann könnt ihr ihn auch richtig genießen. Zum Beispiel mit dem nächsten Rezept.

GUTER FISCH

Die Liste »Guter Fisch« gibt an, welche Fische am besten verzehrt werden sollten. Sie wird von der Verbraucherzentrale, der Deutschen Umwelthilfe, GEOMAR, dem WWF und NABU erarbeitet und jährlich aktualisiert: https://www.verbraucherzentrale.de/guter-fisch

FISCHBURGER FÜR DIE GROSSE KLAPPE

IHR BRAUCHT:

600 g Seelachsfilet, gehäutet

1 Frühlingszwiebel

2 Eier

20 g Paniermehl

Salz

frisch gemahlener schwarzer Pfeffer

½ TL Ras el Hanout

1 Zucchini

etwas Olivenöl

1 rote Zwiebel

1 gegarte Rote Bete

1 Lollo bianco oder 1 Lollo rosso

100 g Joghurt

50 g saure Sahne

1 Prise Zucker

4 Burger-Brötchen (meist »Buns« genannt)

FÜR DIE ZITRONEN-MAYONNAISE:

2 Eidotter

1 TL mittelscharfer Senf

Saft von einer ½ Zitrone

100 ml Sonnenblumenöl

20 ml Olivenöl

Salz

frisch gemahlener schwarzer Pfeffer

UND SO GEHT'S:

1. Das Seelachsfilet ganz klein schneiden, ebenso die Frühlingszwiebeln. Mit den Eiern und dem Paniermehl in eine Schüssel geben und so lange kneten, bis eine einheitliche Masse entstanden ist. Diese mit Salz, Pfeffer und 1 Prise Ras el Hanout würzen, dann Kugeln 4–5 Kugeln daraus formen.

2. Die Zucchini in Scheiben schneiden und in einer Pfanne mit Olivenöl anbraten, mit Salz und Pfeffer sowie 1 kleinen Prise Ras el Hanout würzen.

3. Die rote Zwiebel und die Rote Bete dünn hobeln und den Salat waschen.

4. Für die Zitronenmayo die Eidotter mit dem Senf und dem Zitronensaft verrühren, die beiden Öle mischen. Nun mit einem Pürierstab das Ganze mixen und dabei sehr langsam das Öl einlaufen lassen. Sollte die Masse zu fest werden, kann man sie mit 1 Schluck Wasser flüssiger machen. Jetzt mit Salz und Pfeffer abschmecken.

5. Für die Soße einfach Joghurt mit saurer Sahne vermischen und mit dem Rest Ras el Hanout würzen, dann mit Salz, Pfeffer und Zucker abschmecken.

6. Jetzt die Kugeln vom Seelachs in eine Pfanne geben, flach drücken und langsam bei mittlerer bis starker Hitze in etwas Öl von beiden Seiten braten.

7. Die Burger-Buns könnt ihr auch in einer Pfanne kurz anrösten, damit sie sich nicht so mit Flüssigkeit vollsaugen. Toasten geht natürlich auch.

8. Jetzt ist es schon an der Zeit, den Burger zusammenzusetzen: Erst die beiden Buns mit Soße einstreichen, jetzt das Salatblatt, dann die Fisch-Frikadellen, nun die Zucchini, Rote Beete, Zwiebel. Als Abschluss ordentlich Zitronenmayo obendrauf, mit dem Brötchendeckel abschließen.

9. Klappe auf, Burger rein, Klappe zu – und genießen!

MAYO MACHEN

Manchmal passiert es, dass selbst gemachte Mayo nicht richtig fest wird. Dann waren meist entweder Eigelb oder Öl zu kalt. Also lieber ganz am Anfang die Eier aus dem Kühlschrank holen.

KARTOFFELSUPPE MIT KÄSEFÜSSEN

IHR BRAUCHT FÜR DIE SUPPE:

350 g mehligkochende Kartoffeln

1 Karotte (mittlere Größe)

100 g Sellerie

½ Stange Lauch

1 EL Butter

2 EL Öl

800 ml kräftige Hühnerbrühe

60 ml Sahne

40 ml Schmand

1 ½ TL Majoran

1 Prise frisch geriebene Muskatnuss

Salz

frisch gemahlener schwarzer Pfeffer

½ Bund Schnittlauch

UND SO GEHT'S:

1. Kartoffeln, Karotten und den Sellerie waschen, schälen und in kleine Stücke schneiden.
2. Die Lauchstange nach dem Waschen halbieren und ebenfalls in kleine Stücke schneiden.
3. In einem Topf die Butter mit dem Öl erhitzen und alle Gemüsewürfel darin goldfarben anbraten.
4. Mit der Hühnerbrühe aufgießen, den Deckel auflegen und das Gemüse weich köcheln.
5. Jetzt ist ein guter Moment für Käsefüße (schon cool, dass ich das mal sagen darf). Den Backofen auf 180 °C (Umluft) vorheizen und das Ei in einer Schüssel mit einer Gabel verquirlen (Zutaten siehe Seite 108).
6. Die beiden Käsesorten mit einer Reibe reiben, in eine Schüssel geben und mit Paprikapulver und Thymian mischen.
7. Den Teig auf einem Blatt Backpapier entrollen und die gesamte Teigfläche mit Ei bestreichen. Die Käsemischung gleichmäßig darauf verteilen. Den Teig mit einem Ausstecher in Fußform ausstechen.
8. Mit etwas Abstand zwischen den Füßchen auf ein mit Backpapier belegtes Backblech verteilen. Vielleicht braucht ihr auch ein zweites Blech, je nachdem, wie groß eure Füße sind.
9. Das Backblech für circa 10 Minuten in den Backofen einschieben und die Käsefüßchen goldbraun backen. Die übrigen Teigreste ebenfalls backen und als Snack naschen.

KARTOFFELSUPPE MIT KÄSEFÜSSEN

FÜR DIE KÄSEFÜSSE:

1 Ei

80 g Bergkäse

20 g Parmesan

½ TL Paprikapulver

1 TL getrockneten Thymian

1 Packung Blätterteig

AUSSERDEM:

Füßchen-Ausstecher

10. **Jetzt kommt wieder die Suppe dran: Die püriert ihr jetzt mit dem Zauberstab und rührt Sahne und Schmand unter.**
11. **Die Suppe mit den Gewürzen herzhaft abschmecken, vor dem Servieren mit dem abgebrausten und fein gehackten Schnittlauch bestreuen.**

CHECKER TOBIS NATURFARBEN

MIT-MACH-CHECK

IHR BRAUCHT:

Coole Pflanzen

EINIGE BESONDERS FARBSTARKE LEBENSMITTEL SIND:

Rote Bete Rot bis Pink

Rotkohl Violett

Spinat und Brennnessel Grün

Zwiebelschalen Goldbraun

Löwenzahn Gelb

Kurkuma Goldgelb

Karotten Orange

Kaffee Braun

Holunderbeeren Blauschwarz

Bei unserer Kartoffelsuppe war die Farbe Gelb ganz klar vorherrschend. Beim Rezept davor hat bestimmt die Rote Bete bei euch für farbenfrohe Finger gesorgt, stimmt's? Und dann gibt's noch gelben Mais und grünen Spinat. Und Orangen. Oder Paprika. Viele Nahrungsmittel haben so kräftige Farben, dass man sie, anstatt zu essen, fast lieber an die Wand hängen möchte.

Und das Allercoolste ist: Ihr könnt das einfach machen. Mit Naturfarben, die ihr selbst hergestellt habt!

Naturfarben haben die Menschen eigentlich immer benutzt – bis vor rund 200 Jahren die künstlichen Farben entwickelt wurden und heute eigentlich immer und überall benutzt werden. Höchste Zeit, die Kunst der Naturfarben wiederaufleben lassen!

1. **Die Zutaten klein schnippeln**
2. **In einzelnen Töpfen mit etwas Wasser köcheln lassen**
3. **Mit dem Stabmixer pürieren**
4. **Speisestärke zugeben, falls die Farbe dickflüssiger werden soll**

Und dann nix wie ran an Pinsel und Papier. Besonders gut geht's übrigens mit Aquarellpapier. Viel Spaß bei der Kunst, Leute!

DIE VIELFALT MACHT'S

Spätestens beim Gang in den Supermarkt merkt ihr, wie viele tolle und unterschiedliche Nahrungsmittel es von Natur aus gibt, aus denen man immer wieder neue und völlig verschiedene Gerichte kochen kann.

Die geheimen Könige und Königinnen der Vielfalt sind aber nicht etwa Gemüse oder Kartoffeln, sondern Gewürze!

Kein Gericht, das ohne sie auskommt, und nichts, was sie nicht verfeinern und verbessern würden. Es gibt über hundert verschiedene Gewürze auf der Welt und unzählige Gewürzmischungen!

Wie wichtig Gewürze sind, haben die Menschen schon vor ungefähr 10 000 Jahren in der Steinzeit gewusst. Selbst die haben ihr Essen schon mit Kräutern gewürzt, die sie zur Verfügung hatten: oft wilden Kümmel oder Kerbel.

Im alten Rom, also vor etwa 2000 Jahren, haben die Menschen dann schon deutlich vielfältiger gewürzt. Die Römer haben große Gebiete rund ums Mittelmeer eingenommen und dann einfach aus vielen dieser Provinzen Gewürze mitgebracht. So kamen ein paar Würzstoffe zu uns, die wir auch heute noch total viel benutzen: zum Beispiel Petersilie, Oregano, Koriander oder auch Minze.

Deshalb kommt jetzt ein kleiner Überblick über die wichtigsten Gewürze, die in keiner Küche fehlen sollten.

GEWÜRZ-ABC

GEWÜRZE	GERICHTE	EIGENSCHAFTEN
Anis & Sternanis	warme Getränke, Weihnachtsgebäck	antibakteriell, entzündungshemmend, schleimlösend
Cayennepfeffer & Chili	Fleisch, Pasta, Bohnen	wärmend, antibakteriell
Curry	Geflügel, Reis, Gemüse	verdauungsfördernd, durchblutungsfördernd
Fenchelsamen	Tee, Brot	appetitanregend, antibakteriell, krampflösend, harntreibend
Gewürznelken	Weihnachtsgebäck, Glühwein, Rotkohl, Fleisch	antibakteriell, krampflösend, schmerzstillend
Ingwer	Gemüse, Fleisch, Reis, Tee	durchblutungsfördernd, entzündungshemmend

	**Knoblauch**	Fleisch, Fisch, Gemüse, Soßen	krampflösend, desinfizierend, antibakteriell
	**Kümmel**	Kartoffeln, Fleisch, Eintöpfe, Brot	durchblutungsfördernd, verdauungsfördernd, krampflösend
	**Kurkuma**	Reis, Geflügel, Gemüse, Smoothies	antibakteriell, verdauungs-fördernd, krampflösend
	**Lorbeer**	Suppen, Eintöpfe, Eingelegtes, Soßen, Fleisch	verdauungsfördernd, entzündungshemmend
	**Muskatnuss**	Kohl, Kartoffeln, Gemüse	beruhigend, entzündungshemmend, schmerzstillend
	**Piment**	Rotkohl, Suppen, Soßen, Fleisch	antibakteriell, harn-treibend, desinfizierend, entzündungshemmend
	**Senf**	Eingelegtes, Fleisch, Soßen, Dressings	entzündungshemmend, appetitanregend, verdauungsfördernd
	**Pfeffer**	Fleisch, Soßen, Gemüse, Fisch	verdauungsfördernd, schmerzlindernd, antibakteriell
	**Zimt**	Wildgerichte, Rotkohl, Süßes, Getränke	antibakteriell, krampf-lösend, wärmend

Arme Leute konnten sich das alles aber noch nicht leisten: Gewürze waren ein absolutes Luxusgut. Vor ungefähr 600 Jahren, im späten Mittelalter, waren Gewürze so wertvoll wie Gold und die großen Seefahrernationen haben sogar Kriege darum geführt!

Sehr beliebt waren exotische Gewürze aus fernen Ländern, zum Beispiel Pfeffer. Und wer es sich leisten konnte, hat einfach alles gewürzt. Einfach nur, um zu zeigen, dass er viel Kohle hatte.

Erst im 19. Jahrhundert, so vor ungefähr 150 Jahren, wurden exotische Gewürze günstiger, sodass die meisten Menschen in Europa sie sich leisten konnten. Und heute? Benutzen wir Gewürze aus der ganzen Welt total selbstverständlich, damit unser Essen lecker schmeckt.

Damit wir überhaupt etwas als Geschmack wahrnehmen können, ist unsere Zunge hauptverantwortlich: Sie ist unser Geschmacksorgan. Dort befinden sich superviele winzig kleine Geschmacksknospen.

Werden viele dieser Geschmacksknospen aktiviert, wandeln sie die Geschmacksstoffe in Signale um, die über Nervenfasern ins Gehirn gelangen – und schon schmecken wir, was wir essen. Zumindest die fünf Geschmacksrichtungen: süß, salzig, sauer, bitter und umami.

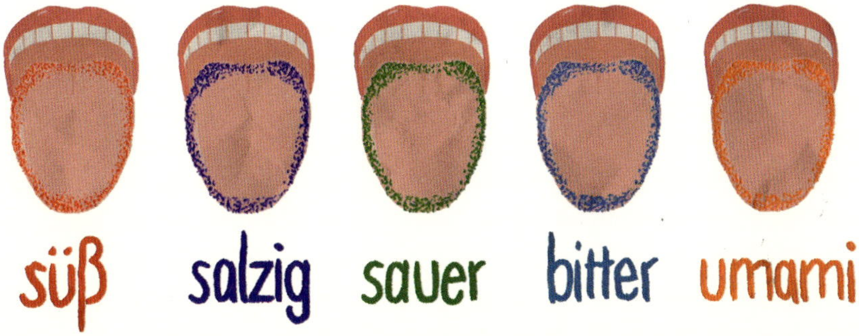

Umami bezeichnet einen herzhaft-würzigen Geschmack und wurde erst vor etwa 100 Jahren in Japan entdeckt. Auch heute noch forschen Wissenschaftlerinnen und Wissenschaftler, um vielleicht noch andere Geschmacksrichtungen zu entdecken und nachzuweisen.

Damit wir mehr als die fünf Geschmacksrichtungen unterscheiden können, brauchen wir neben dem Geschmackssinn aber noch einen weiteren Sinn: den Geruchssinn. Beim Essen und Trinken gelangen nämlich immer auch Duftstoffe in die Nase. Und diese Duftstoffe liefern weitere Informationen, mit denen wir zum Beispiel einen Apfel von einer Birne unterscheiden können.

Wenn die Nase verstopft ist, also zum Beispiel wenn ihr dollen Schnupfen habt, geht das nicht. Dann schmeckt eben alles irgendwie fad und eintönig.

Besonders lecker finden wir es dagegen dann, wenn alles im richtigen Verhältnis ist: nicht zu süß, nicht zu sauer, nicht zu salzig – und vor allem mit den passenden Gewürzen angereichert.

Von manchen könnt ihr dabei 'ne ganze Handvoll ins Essen reinbuttern, von anderen wie Zimt oder Muskat reicht schon eine kleine Prise. Probiert es am besten einfach mal aus und testet euch durch euer Gewürzregal zu Hause. Und keine Angst, wenn ihr euch mal »verwürzt«: Es ist noch kein Spitzenkoch vom Himmel gefallen! Vielleicht wartet ja im nächsten Kapitel sogar noch das eine oder andere Gewürz, das eure Eltern auch noch nicht kennen.

LECKER UM DIE WELT

Vieles, was wir als »typisch deutsch« erleben, ist es gar nicht, weil wir in Deutschland seit Jahrhunderten mit unterschiedlichsten Einflüssen gesegnet sind. Geprägt wurde die deutsche Küche vor allem durch unsere Nachbarstaaten. Die Briten brachten zum Beispiel die Vorliebe für Schwarztee nach Norddeutschland. Und dass wir zu frischem Spargel gerne eine Ei-Butter-Soße namens Sauce hollandaise essen, verdanken wir den Niederländern. Zahlreiche Süßspeisen, die wir vor allem in Süddeutschland essen, stammen aus Österreich. Feine Schokolade und guten Käse lieben wir dank den Schweizern und die Franzosen sind für Flammkuchen und leckere Quiches verantwortlich.

Wenn es diese fremden Einflüsse nicht gäbe, würden wir uns wahrscheinlich den lieben langen Tag von Dingen ernähren, die zumindest im Ausland als »typisch deutsch« gelten: Vollkornbrot, Würste, verschiedenen Kohlsorten und Kartoffeln – wobei noch nicht mal die Kartoffeln aus Deutschland stammen, sondern aus Südamerika. Ihr merkt also: ein Hoch auf die kulturelle Vielfalt!

Und selbst wenn ihr öfter mal zum Italiener, zum Vietnamesen oder zum Griechen ins Restaurant geht, lasst euch gesagt sein: Ihr habt trotzdem eigentlich keine Ahnung von der jeweiligen Landesküche. Oftmals wurden die Rezepte den deutschen Vorlieben angepasst und darüber hinaus finden sich sowieso meist dieselben Gerichte auf der Karte. Dabei hat jedes Land und jede Kultur so viele verschiedene Besonderheiten, Rezepte und Gerichte, dass jede für sich ein Kochbuch sprengen würde.

Trotzdem hab ich mir für dieses Kapitel ein paar Highlights aus allen Teilen der Welt herausgepickt. Habt ihr Bock auf eine kulinarische Weltreise? Dann nix wie los, wir starten in Georgien! Und zwar mit dem absoluten Nationalgericht, das von keiner Festtafel wegzudenken ist, schon zum Frühstück gerne gegessen wird, dennoch in jeder Region ein wenig anders gemacht wird und trotzdem immer unglaublich lecker schmeckt! Die Rede ist von Chatschapuri. Was das ist und wie genial einfach es herzustellen ist, erfahrt ihr jetzt.

GEORGIEN: IMERULI KHACHAPURI (CHATSCHAPURI)

DAS BRAUCHT IHR FÜR DIE KÄSEFÜLLUNG:

125 g Cheddar, Parmesan oder Mozzarella

60 g Fetakäse, zerkrümelt

2 EL Vollmilchjoghurt

1 Ei

DAS BRAUCHT IHR FÜR DEN TEIG:

400–550 g Weizenmehl (Type 550) + etwas mehr für die Arbeitsfläche

1 ½ TL Backpulver

½ TL Salz

480 g Vollmilchjoghurt

AUSSERDEM:

etwas Öl für das Backblech

UND SO GEHT'S:

1. Den Backofen auf 250 °C (Ober-/Unterhitze) vorheizen.
2. Die Backbleche leicht einölen.
3. Für die Käsefüllung die Zutaten vermischen und beiseitestellen.
4. In einer großen Schüssel 1 Tasse Mehl, Backpulver und Salz vermischen.
5. Den Joghurt zugeben und gut verrühren. Jetzt so viel weiteres Mehl dazugeben, bis der Teig nicht mehr klebt und sich mit den Händen gut verarbeiten lässt.
6. Auf einer bemehlten Arbeitsfläche den Teig 3 – 4 Minuten kneten, bis er weich und elastisch ist.
7. Jetzt die Teigkugel in 8 gleich große Teile teilen.
8. Während ihr ein Stück bearbeitet, deckt ihr die anderen Teigteile am besten mit einem feuchten Tuch ab, damit sie nicht austrocknen.
9. Das Teigstück mit bemehlten Handflächen flach drücken. Dann mit den Händen auf einen Durchmesser von 15–20 cm ausziehen oder rollen.
10. 1 EL Käsefüllung in die Mitte platzieren.
11. Jetzt kommt der spannende Teil: das Falten! Dafür einen Teigrand mit Daumen und Zeigefinger nehmen, etwas ziehen und bis zur Mitte über die Käsefüllung legen. Den Teig etwas drehen, wieder nehmen und wieder bis zur Mitte einschlagen. Das macht ihr jetzt, bis alle Teigränder eingeklappt sind und ihr in der Mitte einen teigbedeckten Hügel habt.

12. Jetzt den Hügel mit der Hand flach drücken, den Teig wenden und noch einmal flach drücken. So wird die Füllung bis in die Ecken des Brotes gedrückt.
13. Das Brot auf das Backblech legen und das nächste machen.
14. Wenn ihr fertig seid, werden die Brote für 5–6 Minuten auf der untersten Schiene des Ofens gebacken.
15. Guten Appetit! Oder auf georgisch: მ ი ი რ თვ ი თ! (ausgesprochen: miirthvith!)

UNGARN: GEFÜLLTE SPITZPAPRIKA

DAS BRAUCHT IHR FÜR 2 PORTIONEN:

100 g Zartweizenkörner (wahlweise 60 g groben Couscous)

1 Karotte

½ Zucchini

2 Frühlingszwiebeln

2 Champignons

2 EL neutrales Pflanzenöl

2 EL glatte Petersilie

Salz

frisch gemahlener schwarzer Pfeffer

2 rote Spitzpaprika

150 ml Gemüsebrühe

300 ml passierte Tomaten

1 Prise Cayennepfeffer

150 g Schmand

AUSSERDEM:

etwas Öl für die Auflaufform

UND SO GEHT'S:

1. Weizenkörner oder Couscous nach Packungsanweisung garen.
2. Währenddessen schon mal den Ofen auf 200 °C (Ober-/Unterhitze) vorheizen.
3. Karotte, Zucchini und Frühlingszwiebeln putzen und zusammen mit den Pilzen klein würfeln.
4. Öl in eine Pfanne geben, erhitzen und die Gemüsewürfel glasig anbraten.
5. Petersilie abbrausen, trocken schütteln und hacken.
6. Die gekochten Weizenkörner in eine Schüssel geben und mit dem Gemüse und der Petersilie mischen. Mit Salz und Pfeffer würzen.
7. Die Auflaufform mit Öl ausstreichen.
8. Spitzpaprika waschen, abtrocknen und der Länge nach halbieren. Dann die Kerne raus, die vier Hälften in die Form legen und mit der Gemüsemischung füllen.
9. Jetzt die Brühe und die Tomatenpampe in die Form gießen und das Ganze im Ofen auf der mittleren Schiene für 30–35 Minuten garen.
10. Den Tisch decken und spielen gehen. Oder euch jetzt um die Beilage kümmern, zum Beispiel Reis.
11. Wenn die Paprika fertig gegart sind, aus der Form nehmen.
12. Jetzt die Tomatensoße mit Salz und 1 Prise Cayennepfeffer würzen.
13. Die Paprikahälften wieder in die Soße legen, mit Schmandtupfen verzieren und mit reichlich Soße servieren.
14. Guten Appetit. Oder auf Ungarisch: Jó étvágyat!

Ich persönlich finde die so was von lecker, dass ich immer viel zu viel davon zubereite, um sie mehrmals essen zu können. Das Coole ist nämlich, dass sie am nächsten Tag so richtig durchgezogen sind und noch besser schmecken! Dafür findet sich immer ein Plätzchen in meinem Kühlschrank. Die Frage ist nur: wo?

Wie fülle ich den Kühlschrank richtig? Das check ich für euch!

Checker FRAGE?

Wie fülle ich den Kühlschrank richtig?

Ob ihr's glaubt oder nicht, auch für den Kühlschrank gibt es Regeln, wie ihr ihn am besten befüllt. Und ihr werdet gleich sehen, warum es total viel Sinn macht, darauf zu achten, wo was steht.

In normalen Kühlschränken ist es nämlich nicht überall gleich kalt, die Temperatur unterscheidet sich von Fach zu Fach. Die kältesten Bereiche befinden sich an der Rückwand und im untersten Regal über dem Gemüsefach. Das liegt daran, dass kalte Luft schwerer ist als warme Luft. Unten im Kühlschrank ist es also am kältesten.

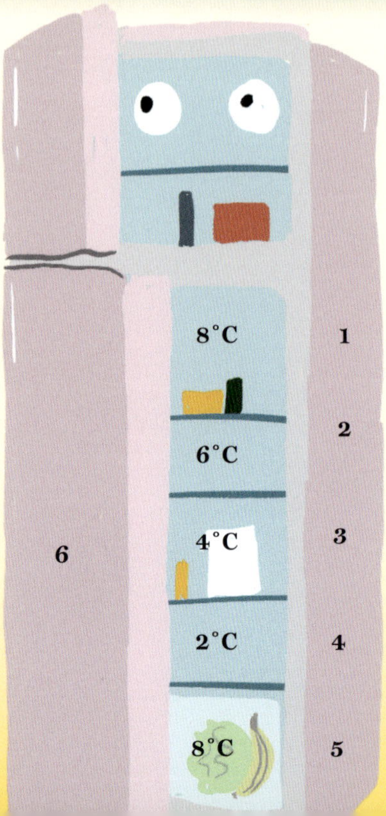

Das Gemüsefach (5) zählt in diesem Fall nicht, weil es immer durch eine Glasplatte abgetrennt ist. Sie schützt die Schublade vom restlichen Kühlraum vor zu viel Kälte. Deshalb ist es dort verhältnismäßig warm, was ideal für wasserhaltige Früchte und Gemüse ist, die außerdem vor dem Austrocknen geschützt werden.

Über den Gemüseschubladen ist die kälteste Zone im Kühlschrank (4). Dort herrschen je nach Einstellung so 2 bis 5 Grad Celsius. Deshalb lagert ihr dort schnell verderbliche Lebensmittel wie frischen Fisch, rohes Fleisch oder Wurst.

Ein Fach darüber (3) nimmt die Wärme schon zu und es herrschen 5 bis 7 Grad Celsius – ideal für Milchprodukte, die dort am längsten frisch bleiben.

Das oberste Fach (1) ist mit 7 bis 10 Grad Celsius die wärmste Ablage, weswegen ihr dort lang haltbare Lebensmittel und die Reste vom Mittag- oder Abendessen einräumen könnt. Genau der richtige Ort also für unsere leckeren Spitzpaprika.

In der Kühlschranktür (6) ist die Temperatur auch nicht einheitlich. Auch hier ist es unten am kühlsten, weswegen dort meist die Getränke zu finden sind und darüber das Fach für die Butter und die Eier.

Einige Lebensmittel sollten gar nicht im Kühlschrank gelagert werden. Ich sage euch, welche und warum.

Avocados reifen bei Zimmertemperatur nach.

Bananen – Südfrüchte mögen keine Kälte.

Ganze Ananas, Mangos und Melonen
nicht in den Kühlschrank legen – angeschnitten aber schon.

Basilikum ist besonders kälteempfindlich.

Brot trocknet im Kühlschrank schnell aus.

Kaffee verliert im Kühlschrank an Geschmack.

Tomaten verlieren ebenfalls an Aroma.

Knoblauch und **Zwiebeln** beginnen zu schimmeln.

Wenn ihr das beachtet, bleiben eure Lebensmittel länger genießbar, ihr müsst also weniger wegwerfen und spart auch noch Geld. Kühl, oder?

Manchmal kommt es natürlich aber trotzdem vor, dass irgendwas in eurem Kühlschrank schimmelt. Vielleicht weil die angefangene Zitrone nach hinten durchgerutscht ist oder der angefangene Joghurt einfach vergessen wurde.

FRAGE gecheckt!

Wenn so was passiert, ist das vielleicht ein wenig schade, aber nicht weiter tragisch. Interessant ist aber natürlich trotzdem, wieso das überhaupt passiert.

Wie entsteht Schimmel? Das checke ich in einem Labor mit Kathi und Marina.

Checker FRAGE

Wie entsteht Schimmel?

Die beiden sind Lebensmittelchemikerinnen und erforschen, wie und warum sich Schimmel auf Lebensmitteln ausbreitet.

Von ihnen weiß ich, dass Schimmel ein Pilz ist. Die gibt's auf der Erde genauso wie Tiere, Menschen oder Pflanzen. Wisst ihr ja schon, wenn ihr Kapitel 4 aufmerksam gelesen habt. Und wenn man ins Mikroskop schaut, kann man wirklich eine Verwandtschaft zu den Pilzen, die wir zum Beispiel auf die Pizza werfen, erahnen.

Schimmelpilze fliegen in der Luft herum. Also natürlich nicht ganze Pilze, sondern nur minikleine Teile davon. Diese sogenannten »Schimmelsporen« gibt's überall: bei dir zu Hause in der Küche, im Wald oder hier bei mir. Genau wie wir braucht auch ein Pilz Wasser und Nahrung. Deswegen setzt er sich auch gerne auf Dinge, die wir ebenfalls essen. Dabei zersetzt der Pilz das Lebensmittel, er isst es also quasi auf. Und wenn er es dort kuschelig warm hat, geht das noch schneller. Deswegen kommen verderbliche Dinge immer in den Kühlschrank.

Wie wir Menschen scheidet auch der Pilz irgendwann wieder etwas aus. »Schimmelpilzkacke« sozusagen. Und genau die ist für uns Menschen sehr ungesund und kann uns krank machen. Es hat also einen wichtigen Grund, warum wir verschimmelte Sachen eklig finden. Und weil der Schimmelpilz nicht nur auf der Oberfläche, sondern auch in die Tiefe wächst, darf man verschimmelte Lebensmittel auf gar keinen Fall essen. Lieber gleich weg damit!

Übrigens ist nicht jeder Schimmel schlecht. Es gibt auch guten, der nicht giftig ist: den Edelschimmel. Ihn findest du manchmal zum Schutz um die Salami herum oder auch öfter mal in Käse, zum Beispiel dem Camembert. Und den finden dann viele Menschen gar nicht eklig, sondern voll lecker!

Um einen meiner Lieblingskäse, der vollkommen ohne Schimmel auskommt und sogar über Monate im Kühlschrank lagern kann, geht es im nächsten Rezept: Parmesan. Um genau zu sein: Parmigiano Reggiano, so heißt der Parmesan nämlich eigentlich richtig.

Ihr denkt vielleicht, dass es ein stinknormaler Käse ist, den ihr euch über eure Spaghetti kippt, aber das stimmt aus zwei Gründen nicht: Erstens stinkt er nicht und zweitens ist er nicht normal, sondern ziemlich besonders. Ein echter Parmesan darf nämlich nur von Käsereien aus den Städten Parma und Reggio nell'Emilia produziert werden. Auch die Kühe, deren Rohmilch für Parmesan verwendet wird, müssen aus dieser Region stammen. Sie dürfen sich nur von frischem Gras und Heu ernähren – normales Nutztierfutter ist für das Vieh tabu!

Vielleicht schmeckt der Parmigiano deshalb auch so lecker – und überlebt nie länger als ein paar Tage in meinem Kühlschrank.

ITALIEN: SPAGHETTI POMODORO MIT PARMESAN-CHIPS

IHR BRAUCHT:

200 g Parmesan

1 Zwiebel

Olivenöl

3 Knoblauchzehen

1 TL frischer Rosmarin, gehackt

1 TL gerebelten Majoran

1 TL gerebelten Thymian

1 TL gerebelten Oregano

2 EL Tomatenmark

200 g passierte Tomaten

200 g Dosentomaten

200 g Gemüsebrühe

Salz

frisch gemahlener schwarzer Pfeffer

etwas Honig

400 g Spaghetti

1 Zwiebel

10 Stängel Basilikumblätter

PARMESAN-CHIPS:

1. Den Ofen auf 200 °C (Oberhitze oder Grillfunktion) einstellen.
2. Parmesan reiben.
3. Damit kleine Häufchen auf einem Blech mit Backpapier machen.
4. In den Ofen schieben und dabei bleiben: Wenn der Käse geschmolzen ist und etwas Farbe annimmt, herausnehmen und auskühlen lassen.
5. Auf ein Stück Küchenrolle auslegen, damit überschüssiges Fett aufgenommen wird.

SPAGHETTI MIT TOMATENSOSSE:

1. Nudelwasser aufsetzen.
2. Zwiebeln fein würfeln und in reichlich Olivenöl anschwitzen, gehackten Knoblauch dazugeben. Kräuter und Gewürze hinzufügen.
3. Tomatenmark dazu und ebenfalls leicht anbraten.
4. Rein mit den Tomaten und der Brühe. Immer weiterköcheln lassen.
5. Mit Salz, Pfeffer und etwas Honig abschmecken.
6. Die Nudeln derweil in Salzwasser kochen und abseihen, nicht abschrecken. In den Topf zurückgeben und mit der Soße vermischen, bis die Soße gut an den Nudeln haftet.
7. Abgebraustes Basilikum fein hacken und ein Teil mit den Nudeln vermischen und das restliche Basilikum als Garnitur verwenden.
8. Mit den Parmesan-Chips garnieren und buon appetito!

ISRAEL: SHAKSHUKA MIT PITA

IHR BRAUCHT FÜR DAS SHAKSHUKA:

300 g Tomaten

20 g Olivenöl

10 g Rauchsalz

1 Paprikaschote, in 2 cm große Stücke gewürfelt

1 grüne Peperoni, klein gewürfelt

1 Jalapeño (optional, falls man es noch schärfer mag)

2 EL Tomatenmark

1 Knoblauchzehe, klein gewürfelt

700 g passierte Tomaten

2 EL Petersilie, fein gehackt

4 Eier

Salz

frisch gemahlener schwarzer Pfeffer

IHR BRAUCHT FÜR DAS PITA-BROT:

150 g Dinkelmehl Type 630 + etwas mehr zum Verarbeiten

½ TL Backpulver

125 g Naturjoghurt

Salz

Olivenöl

1 TL Ras el Hanout

UND SO GEHT'S:

1. Die Tomaten mit Olivenöl und dem Rauchsalz bei 250 °C (Ober-/Unterhitze) für circa 12 Minuten in den Ofen geben, bis sie leicht verbrannt sind. Rausnehmen und beiseitestellen.
2. Jetzt Paprika und Chili in einer Pfanne mit Öl anbraten, bis sie schöne Röstaromen entwickeln. Das Tomatenmark und den gewürfelten Knoblauch dazu, die passierten Tomaten und 1 EL Petersilie hinein und für 40–50 Minuten im offenen Topf köcheln lassen.
3. Währenddessen könnt ihr euch um die Pita-Brote kümmern (siehe unten).
4. Wenn die Tomatensoße fertig gekocht und eingedickt ist, könnt ihr die Tomaten aus dem Ofen halbieren, hinzugeben und weitere 10 Minuten köcheln lassen.
5. Nun die Eier darauf schlagen, salzen und pfeffern und mit geschlossenem Deckel köcheln, bis die Eier gestockt sind.
6. Die restliche Petersilie darüberstreuen und mit dem Pita-Brot servieren.

SO GEHT DAS PITA-BROT:

1. Mehl und Backpulver in einer Schüssel mischen.
2. Anschließend den Joghurt unterheben, mit etwas Salz würzen und einen Teig anrühren.
3. Den Teig in kleine Brote formen und diese (mit etwas Mehl) dünn ausrollen.
4. Das Öl mit Ras El Hanout mischen und die Brote damit bestreichen
5. Den Backofen auf 180 °C (Umluft) vorheizen.
6. Die Fladenbrote auf ein mit Backpapier belegtes Blech geben und im vorgeheizten Ofen 15– 20 Minuten backen.
7. Guten Appetit oder wie man auf hebräisch sagt: בתאבון. (»bete'avon«)

Was ist Rauchsalz?

Bei Rauchsalz handelt es sich um Salz, das über Holz geräuchert wurde. Es hat einen intensiven Räuchergeschmack und ist vor allem in der amerikanischen Küche sehr beliebt.

Ursprünglich stammt Shakshuka aus der nordafrikanischen Küche, fand aber schnell den Weg nach Israel und gilt dort inzwischen als Nationalgericht, was zu jeder Tageszeit gegessen wird. Kann ich übrigens sehr gut nachvollziehen: Ob zum Frühstück, als Mittagssnack oder zum Abendbrot – es ist immer lecker!

Ich habe das Gericht kennengelernt, als ich mit einer jüdischen Familie den Schabbat feiern durfte. Das ist im Judentum ein Feiertag, vergleichbar mit unserem Sonntag: Er beginnt freitagabends nach Sonnenuntergang und endet samstagabends, wenn die Sonne wieder untergegangen ist. Zusammen mit Melanie habe ich damals für ihre ganze Familie ein traditionelles Schabbat-Menü zubereitet. Und dabei hab ich gelernt, dass man im Judentum nur koschere Nahrung essen darf. Wollt ihr wissen, was das ist? **Was bedeutet »koscher«? Das check ich für euch!**

Checker FRAGE

Was bedeutet »koscher«?

Im Judentum stehen in der Thora – das ist in dieser Religion die heilige Schrift, so wie im Christentum die Bibel – neben ganz vielen anderen Dingen auch einige Vorschriften für die Ernährung, zum Beispiel, dass alles, was koscher ist, gegessen werden darf.

Das hebräische Wort »koscher« bedeutet auf Deutsch so viel wie »rein«. Was nicht gegessen werden darf, gilt als unrein und heißt »trefe«. Die wichtigste Ernährungsregel dabei ist, dass Milch und Fleisch nicht zusammen zubereitet und gegessen werden sollen. Das schließt alle Milchprodukte wie Jogurt oder Käse mit ein. Eine Salami-Pizza fällt damit also aus. Und stellt euch vor: Jüdische Restaurants haben getrenntes Geschirr für Fleisch- und Milchprodukte und getrennte Kühlschränke!

Außerdem dürfen gläubige Juden nur bestimmte Fleischsorten essen. Und die auch nur, wenn sie auf eine bestimmte Weise geschlachtet wurden. Koscher sind Tiere, die sowohl Paarhufer als auch Wiederkäuer sind: also zum Beispiel Kühe, Schafe und Ziegen. Trefe, also nicht koscher, sind hingegen zum Beispiel Schweine, Kaninchen oder auch Pferde.

Auch bei Geflügel gilt diese Regel, weswegen nur bestimmte Geflügelarten wie Enten, Gänse oder Hühner mitsamt ihren Eiern verspeist werden dürfen. Als ich das gehört habe, dachte ich natürlich schon, dass es irgendwie eine krasse Einschränkung ist. Als ich dann aber mit der Familie am Abendbrottisch saß und wir unseren Bauch bei mehreren Gängen vollgeschlagen haben, wusste ich: alles halb so wild. Auch koscher ist saulecker!

FRAGE gecheckt!

Es ist eben einfach so, dass jede Kultur ihre eigenen Regeln, Gesetze und Vorlieben hat, die manchen vielleicht erst mal komisch vorkommen – bis wir sie kennenlernen und verstehen, was dahintersteckt. Das wird gerade beim Essen immer wieder deutlich. Während man im Judentum kein Schweinefleisch essen darf, sind im Hinduismus – eine Religion, die vor allem in Indien verbreitet ist – vor allem Rinder absolut tabu. Aber nicht, weil die Hindus sie für unrein halten, sondern – im Gegenteil – für heilig! Echt jetzt! Rinder werden verehrt wie Gottheiten und es wäre eine absolute Schande, sie zu töten und zu essen.

Überhaupt ist der asiatische Raum voll von uralten Traditionen und kulinarischen Besonderheiten, die wir in Europa nicht kennen. In China zum Beispiel gilt das 1000-jährige Ei als Delikatesse! Sieht total krass aus, oder?

Natürlich ist das Ei nicht wirklich 1000 Jahre alt, sondern wird für ein paar Monate in einen Brei aus Asche und Gewürze eingelegt. Während dieser Zeit findet im Ei eine chemische Reaktion statt, die das Eiweiß in Gelee verwandelt und das Eigelb eine gräuliche Farbe annehmen lässt. So wird das Ei für Monate haltbar gemacht. In China ist das eine besondere Köstlichkeit – für mich eher nicht, muss ich gestehen. Aber man muss ja nicht alles mögen.

Ein anderes eingelegtes Ei, das im asiatischen Raum vor allem in Japan sehr beliebt ist, feiere ich hingegen auch total: das Nitamago-Ei! Und genau deswegen kommt hier ein Rezept dazu.

JAPAN: PHO-GEMÜSE MIT NITAMAGO-EI ODER TAMAGOYAKI

Für ein gutes Essen soll man sich Zeit lassen – in dem Fall gilt das aber nicht nur für die Mahlzeit, sondern auch fürs Zubereiten! Das Nitamago-Ei wird schon ein, zwei Tage vorher zubereitet und auch die Suppe muss mehrere Stunden köcheln. Aber auch hier gilt: Es lohnt sich!

IHR BRAUCHT:

2 Gemüsezwiebeln

1 Sternanis

2 Nelken

10 Koriandersamen

½ Zimtstange

20 g Ingwer

2 Knoblauchzehen

2 Lorbeerblätter

10 g getrocknete Shiitakepilze

100 g Champignons

100 g Karotte

100 g Petersilienwurzel

100 g Staudensellerie

1200 ml Gemüse- oder Misobrühe

Sojasoße

Salz

frisch gemahlener schwarzer Pfeffer

1 Prise Zucker

1 Pak Choi

UND SO GEHT'S:

1. Die Zwiebeln schälen, halbieren und in einer Pfanne ohne Öl ein wenig anbraten.
2. Nun Sternanis, Nelken, Koriandersamen und Zimt für etwa 5 Minuten rösten. Danach in ein Teebeutelsäckchen geben.
3. Jetzt Ingwer und Knoblauch schälen und klein schneiden.
4. Zwiebel, Ingwer, Knoblauch, Lorbeer, Shiitakepilze, geviertelte Champignons, gewürfelte Karotten, gewürfelte Petersilienwurzel, gehackten Staudensellerie und das Gewürzsäckchen in kalte Brühe geben, langsam aufkochen und für 2 Stunden ziehen lassen. Danach das Gewürzsäckchen entfernen, damit die Suppe nicht zu intensiv und bitter wird.
5. Danach die Suppe absieben, noch einmal etwas einkochen und mit Sojasoße, Salz, Pfeffer und Zucker abschmecken. Das gesiebte Gemüse müsst ihr übrigens nicht wegschmeißen, sondern ihr könnt es später gut als Suppeneinlage verwenden.
6. Den Pak Choi waschen und den Strunk entfernen. Die Stiele und die Blätter in Streifen schneiden, in der Suppe garen und in die Suppenschale geben.

JAPAN: PHO-GEMÜSE MIT NITAMAGO-EI ODER TAMAGOYAKI

200 g Reisnudeln

10 Stängel Koriander

10 Thai-Basilikum-Blätter

5 Minzeblätter

10 g grüne Chilischote (optional)

1 Limette

7. Die Reisnudeln nach Anleitung in Salzwasser kochen, abseihen und direkt in die Suppenschale geben.
8. Jetzt das Gemüse in die Schale, Brühe daraufgießen und Nitamago-Eier (Zubereitung siehe unten) hinzugeben.
9. Und dann kann schon garniert werden: Dafür einfach Koriander, Basilikum und Minze – und, wer will, Chili – abbrausen, fein hacken und über eure Suppenschüssel streuen.
10. Mit etwas Limettensaft abschmecken und genießen.

NITAMAGO-EIER (EINGELEGTE EIER)

IHR BRAUCHT:

2 Eier

2 EL Sojasoße

2 EL Mirin (gibt's auch alkoholfrei)

3–4 EL Wasser

UND SO GEHT'S:

1. Eier in 7 Minuten hart kochen.
2. Dann die Eier direkt in eiskaltes Wasser legen, damit die Eier nicht mehr weitergaren. Dann schälen.
3. Die Marinade anrühren und alles zusammen in eine kleine Plastiktüte geben. Je weniger Luft in der Tüte bleibt, desto besser legt sich die Marinade um die Eier.
4. Ab damit in den Kühlschrank. Mindestens über Nacht, aber gerne auch für ein, zwei Tage, dann wird der Geschmack noch intensiver.

MIRIN

Mirin ist ein süßer Reiswein und in der japanischen Küche weitverbreitet: Es wird für Soßen, Marinaden, aber auch für Pfannengerichte, Eintöpfe und vieles mehr verwendet.

TAMAGOYAKI (JAPANISCHES OMELETT)

IHR BRAUCHT:

4 Eier

1 EL Mirin (gibt's auch alkoholfrei)

1 TL Sojasauce

1 Prise Zucker

1 EL Gemüsebrühe

1 EL Öl

UND SO GEHT'S:

1. Eier verquirlen, alles außer dem Öl hinzugeben und glatt rühren.
2. Eine beschichtete Pfanne etwas ölen und auf hohe Hitze stellen.
3. Etwas Eiermasse hineingeben, sodass der Pfannenboden bedeckt ist.
4. Jetzt das Ei ganz vorsichtig aufrollen wie einen Pfannkuchen und wieder Eimasse in die Pfanne geben.
5. Jetzt von der anderen Seite aufrollen, sodass man die erste Rolle einwickelt.
6. Das Ganze wiederholen, bis ihr eine richtig schöne, mehrschichtige Roulade habt.

Bleibt nur noch, euch gegenseitig いただきます, also »itadakimasu«, zu wünschen.

VIETNAM: GLASNUDELSALAT MIT SPINAT, PAPRIKA UND ERBSENSCHOTEN

IHR BRAUCHT:

200 g Glasnudeln

400 g Räuchertofu

2 EL helle Sojasoße

2 Karotten

1 Paprikaschote

50 g Erbsenschoten

etwas Erdnussöl (für Allergiker geht natürlich auch anderes Bratöl)

2 EL Mirin

1 EL Smoked Liquid

50 g frischer Babyspinat

Saft von 1 Limette

Salz

frisch gemahlener schwarzer Pfeffer

etwas Koriander oder Petersilie

2 EL Sesam

UND SO GEHT'S:

1. Die Glasnudeln nach Packungsanweisung zubereiten und abtropfen lassen.
2. Den Tofu in circa 1 cm breite Streifen schneiden und mit Sojasoße marinieren.
3. Die Karotten in ganz dünne Streifen schneiden, die Paprika genauso. Die Erbsenschoten putzen (also die harten Enden abknipsen) und auch in feine Streifen schneiden.
4. Die Paprika auf die Seite stellen, in einer Pfanne das Öl erhitzen. Dann die Karotten und die Erbsenschoten kurz in der Pfanne anbraten, mit Sojasoße und Mirin ablöschen und das Smoked Liquid dazugeben.

WAS IST SMOKED LIQUID?

Dabei handelt es sich um ein künstlich hergestelltes Raucharoma in flüssiger Form. Es imitiert den Geschmack, den ein Lebensmittel beim traditionellen Räuchern bekommen würde. Viele Produkte wie Schinken, Käse oder Barbecuesoßen erhalten ihr Aroma heutzutage nicht mehr durch langwierige Prozesse in der Räucherkammer, sondern binnen Sekunden in der Sprühanlage. Einen Unterschied können die menschlichen Geschmacksnerven meist nicht wahrnehmen.

VIETNAM: GLASNUDELSALAT MIT SPINAT, PAPRIKA UND ERBSENSCHOTEN

5. **Dann den Spinat dazu, bis er »zerfällt« – also merklich kleiner wird – und gleich von der Feuerstelle nehmen.**
6. **Leicht abkühlen lassen und mit den Glasnudeln und den Paprikastreifen vermengen.**
7. **Mit dem Limettensaft, Salz und Pfeffer abschmecken.**
8. **Den Tofu richtig scharf, also bei hoher Hitze, in einer Pfanne mit etwas Öl anbraten und auf die einzelnen Portionen verteilen.**
9. **Wer es mag, kann das Ganze jetzt mit Koriander oder Petersilie und Sesam garnieren.**
10. **Guten Appetit oder besser gesagt: Chúc ngon miệng!**

Wenn man an asiatisches Essen denkt, hat man ja oft sofort Reis im Kopf. Dabei geht auch in der asiatischen Küche ohne Nudeln ziemlich wenig. Nur sind das eben ganz andere Nudeln als bei uns in der westlichen Welt. So wie die Glasnudeln zum Beispiel, für die täglich Tausende Glasscheiben zertrümmert und dann von Hand zu den einzelnen Fäden zusammengesetzt werden.

Nein, das war natürlich totaler Quatsch. Glasnudeln heißen einfach so, weil sie gegart so durchsichtig wie Glas sind. Aber aus was bestehen sie eigentlich?

Aus was bestehen Glasnudeln? Das check ich für euch!

Checker FRAGE

Aus was bestehen Glasnudeln?

Glasnudeln stellt man schon seit Jahrhunderten im ganzen Fernen Osten her. Und die Basis dafür besteht in der Regel aus der Stärke von Mung- oder Sojabohnen.

Um die Stärke zu gewinnen, mahlt man die Bohnen so lange, bis man eine klebrige und süßlich schmeckende Masse bekommt. Diese wird mit frischem Wasser gemischt, bis es ein richtiger Teig ist, aus dem zum Schluss die langen Glasnudeln geformt werden.

Das Besondere ist neben ihrer Verwandlung von weiß zu durchsichtig vor allem auch ihre feine Form, weswegen sie ihn Japan auch »Frühlingsregen« genannt werden. Voll schön, oder?

Darüber hinaus gibt es aber noch andere Nudeln in Asien. Zu den beliebtesten Sorten zählen auf jeden Fall Reisnudeln, die – wie der Name schon sagt – aus Reisstärke hergestellt werden und vor allem für Bratgerichte gut geeignet sind.

Eine weitere Nudelart sind Mie-Nudeln. Sie bestehen aus Weizenmehl, Wasser, Salz und manchmal etwas Ei – also ganz ähnlich wie unsere Nudeln. Die sehr langen Mie-Nudeln werden, wie die anderen asiatischen Nudeln auch, oft getrocknet im Knäuel verkauft und müssen nur kurz im gekochten Wasser quellen, bevor ihr sie essen könnt. Und genau wie die anderen Nudeln sind auch die vor allem eines: lecker!

FRAGE gecheckt!

Nudeln sind auf der ganzen Welt wirklich beliebt und sie gibt es in allen Farben und Formen. Allein in Deutschland sind es über 100 Nudelsorten, weltweit sogar über 600 – und ständig kommen neue dazu. Teilweise auch mit ziemlich verrückten Ideen, wie zum Beispiel Algen-Nudeln! Diese sind – genau wie Glasnudeln übrigens – streng genommen aber eigentlich gar keine Nudeln, sie sehen nur so aus. Denn Nudeln werden offiziell aus Getreidemehl hergestellt.

In Europa ist das traditionell aus Hartweizen, aber auch aus anderen Getreidesorten lassen sich Nudeln herstellen. Und davon gibt es ’ne ganze Menge.

Könnt ihr sie zuordnen?

CHECKER TOBIS GETREIDE-QUIZ

Ordne das Getreide den Bildern zu!

A

1. Weizen – Auf der Welt gibt es mehr als 1000 verschiedene Weizensorten. In Deutschland wird vorwiegend Hartweizen angebaut.

B

2. Mais – kommt aus Amerika und wurde einst von dem italienischen Seefahrer Kolumbus mitgebracht. In Deutschland wird Mais in hohem Maße für die Viehzucht verwendet.

3. Roggen – man unterscheidet zwischen Sommer- und Winterroggen, der sogar Temperaturen von minus 25 Grad Celsius übersteht.

4. Gerste – stammt aus dem Vorderen Orient und wird in Deutschland vor allem zum Bierbrauen verwendet.

5. Hafer – kann besonders einfach und günstig angebaut werden, ist leicht bekömmlich und vor allem im Müsli beliebt.

C

D

E

6. Hirse – war in der Weltgeschichte lange Zeit eines der Hauptnahrungsmittel und ist reich an Mineralstoffen.

7. Reis – zählt mit über 100 000 Sorten weltweit zu den bekanntesten und beliebtesten Getreidesorten.

F

G

1E, 2A, 3G, 4B, 5C, 6D, 7F

Na? Habt ihr alle gewusst? Wenn nicht, macht euch keinen Kopf, ich hab es auch nicht gleich geschafft.

Übrigens gibt es auch Nahrungsmittel, die oft als Getreide bezeichnet werden, aber gar keine Getreidearten sind, sogenanntes Pseudogetreide. Quinoa ist so ein Beispiel, übrigens ein super Eiweißlieferant. Sieht zwar so ähnlich aus wie Getreide, wird auch so zubereitet, zählt aber in Wahrheit zu der Familie der Gänsefußgewächse – ist also mit Spinat, Roter Bete oder Mangold verwandt.

Ähnlich und doch anders verhält es sich dagegen mit Couscous, eine der Hauptzutaten unseres nächsten Rezepts. Couscous ist zwar Getreide, aber keine eigenständige Sorte. Es besteht nämlich aus winzigen Kügelchen, die aus befeuchtetem und zerriebenem Grieß hergestellt werden. Also aus klein gemahlenen Getreidekörnern – und die stammen meist von Weizen, Gerste oder Hirse.

Besonders beliebt ist Couscous auf dem afrikanischen Kontinent – und von dort kommt auch unser nächstes Gericht: nämlich aus Marokko! Viel Spaß beim Nachkochen!

MAROKKO: KAROTTENCOUSCOUS-GRANATAPFEL-SALAT

IHR BRAUCHT:

500 ml Gemüsebrühe

300 g Couscous

½ TL Kurkuma

1 Prise Zimt

2 Karotten

1 rote Zwiebel

1 Bund Petersilie

5 Stängel Koriander

1 Granatapfel

30 g Pinienkerne

30 g Rosinen

Olivenöl

Saft und Abrieb von 2 Limetten

Salz

frisch gemahlener schwarzer Pfeffer

100 g Naturjoghurt

etwas Kreuzkümmel

UND SO GEHT'S:

1. Kocht die Gemüsebrühe auf, schüttet den Couscous dazu und nehmt den Topf direkt von der Hitze. Nicht umrühren! Stellt den Topf zur Seite, bis der Couscous gegart und ausgekühlt ist.
2. Jetzt gebt die Gewürze dazu.
3. Karotten grob reiben und die rote Zwiebel in feine Würfel schneiden.
4. Petersilie und Koriander waschen, trockenschütteln und mit den Stängeln hacken – die schmecken nämlich auch lecker.
5. Jetzt den Granatapfel halbieren und in einer Schüssel unter Wasser die Kerne herausschälen (dann spritzt es nicht so und gibt keine Flecken).
6. Die Pinienkerne in der Pfanne ohne Öl leicht anrösten.

ABRIEB VON ZITRUSFRÜCHTEN

Wenn ihr die Schale von Orangen, Zitronen oder Limetten zum Kochen verwenden wollt, kommt es oft vor, dass die geriebene Schale an der Reibe festklebt. Dann ist es sehr mühsam, sie herauszuklopfen oder rauszupulen. Diesen Effekt könnt ihr verhindern, indem ihr vorher ein Backpapier auf die Reibe legt – dann klebt der Abrieb nämlich daran und nicht an der Reibe. Und vom Backpapier lässt er sich ganz einfach mit einem Messer abstreifen.

7. Karotten, Zwiebeln, Petersilie, Koriander, Granatapfelkerne, Pinienkerne und Rosinen vorsichtig mit dem Couscous vermengen, mit Olivenöl und dem Saft von 2 Limetten abschmecken. Dann noch salzen und pfeffern.

8. Jetzt noch den Naturjoghurt mit dem Limettenabrieb, Kreuzkümmel, Salz und etwas Limettensaft abschmecken. 1 EL auf jede Salatportion geben.

9. Und weil in Marokko Arabisch und Französisch gesprochen wird, sage ich: بالعافية und bon appétit.

ÄTHIOPIEN: INJERA MIT WOT

IHR BRAUCHT FÜR DAS INJERA/ CA. 10 FLADENBROTE:

30 g frische Hefe

550 ml lauwarmes Wasser

500 g Weizenmehl Type 405 oder Teffmehl

FÜR DEN EINTOPF (WOT):

200 g Linsen

2 Zwiebeln

15 g Ingwer

3 Karotten

1 Stange Staudensellerie

2–3 Knoblauchzehen

1 Paprikaschote

1 EL Sonnenblumenöl

3 EL Tomatenmark

2 EL Berbere-Gewürz

1 Prise Salz

200 Kirschtomaten aus der Dose

700 ml Gemüsebrühe

80 g Kichererbsen

UND SO GEHT'S:

1. Am besten beginnt ihr mit einigen Vorbereitungen schon am Vortag: Löst für die Fladenbrote die Hefe im warmen Wasser auf und vermengt es mit Mehl zu einem glatten Teig.
2. Den Teig mindestens 3 Stunden bei Zimmertemperatur in einer abgedeckten Schüssel gehen lassen. Wenn möglich aber sogar über Nacht.
3. Das gilt auch für die Linsen, die ihr jetzt im kalten Wasser für mehrere Stunden einweicht.
4. Am nächsten Tag könnt ihr dann ungefähr eine Stunde bevor ihr essen wollt mit dem Wot beginnen. Dafür die Zwiebeln, Ingwer, Karotten, Staudensellerie, Knoblauch und Paprika gegebenenfalls schälen und fein schneiden.
5. Öl in einem ausreichend großen Topf erhitzen und Zwiebeln, Ingwer und Knoblauch anschwitzen.
6. Dann das Tomatenmark dazu.
7. Danach das restliche Gemüse, das Berbere-Gewürz, 1 Prise Salz und die Dosentomaten hinzugeben.
8. Mit Brühe aufgießen, Linsen abseihen und mit den Kichererbsen dazugeben und etwa 30–40 Minuten mit Deckel köcheln lassen.
9. Jetzt ist die Zeit für die Fladenbrote gekommen. Dafür eine beschichtete Pfanne ohne Fett erhitzen. Den Teig im Uhrzeigersinn von außen nach innen in die Pfanne gießen. Sobald sich Bläschen bilden, einen Deckel aufsetzen und 2–3 Minuten backen lassen. Das fertige Injera auf einen Teller legen.
10. Jetzt ein Brot nach dem anderen ausbacken. Das Prinzip kennt ihr bestimmt von Pfannkuchen – die ihr übrigens natürlich anstelle des Injera auch machen könnt.
11. Dann wünsche ich euch auf amharisch: መልካም ምግብ – ausgesprochen: »Melikami migibi«!

DIE BERBERE

Berbere ist eine Gewürzmischung aus Äthiopien und Eritrea. Sie ist wie auch Ras el Hanout eine Mischung aus vielen Gewürzen, die man in allen afrikanischen Supermärkten problemlos bekommt.

INJERA

Der traditionelle Sauerteigfladen dient als Unterlage für allerlei Soßen und Speisen. Beim Essen reißt man sich einfach ein Stück ab und nimmt die Soßen damit auf. Gleichzeitig ersetzt das Injera damit auch das Besteck.

»Wot« bedeutet in der äthiopischen Küche im Grunde nichts anderes als das deutsche Wort »Soße«. Wots können also sehr vielseitig sein und aus allen möglichen Zutaten bestehen. Meist bilden Hülsenfrüchte wie Linsen, Bohnen oder Kichererbsen die Basis, es gibt aber auch fleischhaltige Wots, die meist mit Rind- und Hühnchenfleisch zubereitet werden, manchmal aber auch mit Ziege, Kamel oder Lamm.

Schweinefleisch sucht ihr hingegen meist vergeblich auf einer äthiopischen Speisekarte. Ein Großteil der Menschen im Land ist nämlich äthiopisch-orthodoxen Glaubens – und dort ist der Verzehr von Schweinefleisch untersagt. Also ganz ähnlich wie im Judentum oder im Islam.

Ein gutes Drittel der Menschen in Äthiopien gehört zur Glaubensrichtung des Islam. Und dort herrschen wieder ganz eigene Speisegesetze: Das Essen für gläubige Muslime muss nämlich immer »halal« sein.

Was bedeutet »halal«? Das check ich für euch!

Checker FRAGE

Was bedeutet »halal«?

Als »halal« (auf Deutsch »rein« und »erlaubt«) bezeichnet man alle Dinge, die nach dem Recht des Islam zulässig sind. In den heiligen Schriften des Islam, dem Koran, ist genau festgelegt, was erlaubt ist. Alle verbotenen Lebensmittel heißen »haram«, das gilt für Schweinefleisch, aber zum Beispiel auch für Alkohol.

Sogar Schokopralinen, die mit Alkohol gefüllt sind, oder auch Gummibärchen sind verboten, weil die aus Gelatine gemacht werden, die unter anderem meist aus Schweineschwarte und Knochen hergestellt wird.

Im Alltag kann das natürlich manchmal kompliziert sein. Deshalb gibt es inzwischen viele spezielle Läden, die ausschließlich Produkte verkaufen, die halal sind.

WAS IST SCHÄCHTEN?

Beim Schächten wird ein Tier nach bestimmten Regeln unbetäubt geschlachtet und stirbt durch Ausbluten. In Deutschland ist es grundsätzlich verboten, Tiere zu schächten, allerdings können aus religiösen Gründen unter strengen Auflagen Ausnahmen gemacht werden, wenn vorher eine Genehmigung beantragt wurde.

Obwohl »koscher« und »halal« also durchaus Ähnlichkeiten aufweisen, gibt's auch Unterschiede: Meeresfrüchte sind zum Beispiel im Islam erlaubt, im Judentum nicht.

Und aus muslimischer Sicht spricht nichts dagegen, Milch und Fleisch zu mischen – wenn es kein Schwein ist und das Tier geschächtet wurde, also auf spezielle Art geschlachtet. Darin sind sich Juden und Muslime wieder einig.

FRAGE gecheckt!

Eine Mischung, auf die sich in Äthiopien eigentlich alle einigen können, ist Berbere. Eine scharfe, aromatische Gewürzmischung, die aus der äthiopischen Küche nicht wegzudenken ist und eigentlich in fast jedem Gericht vorkommt. Das Gewürz ist dort so alltäglich wie bei uns Salz und Pfeffer. Da denken wir beim Benutzen ja eigentlich gar nicht mehr drüber nach, so selbstverständlich ist das. Obwohl Pfeffer bei uns gar nicht wächst, sondern erst mit einigem Aufwand zu uns gebracht werden muss. Sagt ja auch schon das Sprichwort »Jemand soll bleiben, wo der Pfeffer wächst« – also ziemlich weit weg. Aber wo eigentlich genau?

Wo wächst der Pfeffer? Das check ich für euch!

Checker FRAGE

Wo wächst der Pfeffer?

Um das zu checken, bin ich in Deutschlands Gewürzhauptstadt gefahren. Die allermeisten Gewürze, die aus fernen Ländern hier ankommen, werden nämlich mithilfe von riesigen Containerschiffen gebracht und landen erst einmal im Hamburger Hafen.

Dort habe ich Tim getroffen, der sich um die Gewürzlieferungen kümmert. Er hat mir erklärt, dass Pfeffer hierzulande gar nicht wachsen kann, weil es viel zu kalt ist. Dieser hier, den ich von Tim bekommen habe, kommt zum Beispiel frisch aus Brasilien, eines der heutigen Hauptanbaugebiete für Pfeffer. Aber Pfeffer wächst nicht nur in Südamerika, sondern auch in vielen asiatischen Ländern oder auch in Afrika. Die Körner wachsen an Sträuchern, werden durch die Arbeiterinnen und Arbeiter von Hand gepflückt und anschließend getrocknet, bevor sie sich dann auf die weite Reise in die ganze Welt machen.

Zum Schluss hat mir Tim dann noch gezeigt, welche Pfeffersorten es gibt: weißen Pfeffer, grünen Pfeffer, rosa Pfeffer und schwarzen Pfeffer. Dachte ich zumindest. Aber Tim hat mich erst mal aufgeklärt, dass es sich beim rosa Pfeffer gar nicht um Pfeffer handelt, sondern um die Beeren des Brasilianischen Pfefferbaums.

Und die Farben der Körner kommen von den unterschiedlichen Reifegraden des Pfeffers: Der grüne Pfeffer wird zuerst geerntet und ist noch recht unreif. Der schwarze Pfeffer ist schon reifer und als Letztes wird der weiße Pfeffer geerntet, der deswegen weiß ist, weil seine Schale bereits abgewaschen oder geschält wurde.

Und so unterschiedlich die Farben sind, so unterschiedlich ist auch der Geschmack: je reifer, desto schärfer. Welches Land eigentlich in unserem Sprichwort gemeint ist, konnte er mir am Ende zum Glück auch noch verraten: Indien! Dort kommt der Pfeffer nämlich ursprünglich her.

Und ganz ehrlich, Leute, wenn mir jemand sagt, ich solle bleiben, wo der Pfeffer wächst, dann sag ich: »Boah, ja, voll gerne!« In Indien war ich nämlich schon und ich kann euch verraten: mega!

Wahnsinnig spannende Kultur, großartiges Wetter, superherzliche Leute – und natürlich megaleckeres Essen! Zum Beispiel indisches Süßkartoffel-Masala! Und das Rezept dafür gibt's jetzt. Also haut rein, Leute!

INDIEN: SÜSSKARTOFFEL-MASALA

IHR BRAUCHT:

3 Knoblauchzehen

1 Stück Ingwer (7 cm)

2 Chilischoten

1 EL Paprikapulver

2 TL Cumin (Kreuzkümmel)

1 TL gemahlener Koriander

3 EL Garam Masala

1 EL Senfsaat

3 EL Olivenöl

500 g Sojajoghurt

800 g Süßkartoffel

1 Zwiebel

2 EL Tomatenmark

50 g Cashewkerne

250 ml Kokosmilch

Salz

frisch gemahlener schwarzer Pfeffer

1 Limette

150 ml Crème double (Sahne, Mascarpone oder saure Sahne)

etwas frischer Koriander

UND SO GEHT'S:

1. Knoblauch und Ingwer schälen und auf einer feinen Reibe reiben, Chili entkernen und fein schneiden.
2. Paprika, Cumin, Koriander und 2 EL Garam Masala vermengen.
3. Senfsaat in einer Pfanne mit 1 EL Öl erhitzen, sobald die Senfsaat zu platzen beginnt, alles Vorbereitete hinzugeben. Jetzt die Hälfte der Mischung mit 200 g Joghurt vermengen.
4. Die Süßkartoffeln schälen, in grobe Stücke schneide und in der Joghurt-Gewürz-Mischung für eine halbe Stunde marinieren.
5. Währenddessen die Zwiebel schälen, in feine Streifen schneiden und in einem Topf mit 1 EL Öl glasig andünsten.
6. Jetzt den Rest der Gewürzmischung dazugeben und mitbrutzeln, aber nicht zu braun werden lassen. Nach ein paar Minuten Tomatenmark und gehackte Cashews dazu.
7. Mit 250 ml Wasser und der Kokosmilch auffüllen und weitere 10–15 Minuten köcheln lassen.
8. Jetzt die marinierten Süßkartoffeln in einer Pfanne mit Öl anbraten.
9. Wenn die Süßkartoffeln schön gebräunt sind, kommen sie zu der Soße.
10. Mit Salz, Pfeffer und Limettensaft abschmecken. Dann die Crème double unterziehen.
11. Nun 300 g Sojajoghurt mit Limettensaft und frischem Koriander vermengen und als Dip dazu reichen. Fertig. Lecker! Und weil es in Indien viele Dialekte gibt, die wie eigene Sprachen funktionieren, sagen wir diesmal: सवादिष beziehungsweise »svaadisht«!

CRÈME DOUBLE

Crème double ist ein Sahneprodukt mit besonders hohem Fettgehalt. Sie wird zur Verfeinerung von Suppen, Soßen oder Desserts und zum Backen verwendet.

Eine der wichtigsten Zutaten nicht nur in der indischen Küche, sondern weltweit, ist die Zwiebel. Verwandt mit Knoblauch und Lauch, ist sie schon seit den alten Ägyptern aus der Küche nicht wegzudenken. Dort war sie aber nicht nur leckeres Gemüse, sondern auch eine beliebte Heilpflanze. Eine Inschrift auf der Pyramide von Gizeh belegt sogar, dass den Arbeitern regelmäßig Zwiebeln gegeben wurde, um sie körperlich zu stärken und vor Infektionskrankheiten zu schützen.

Zwiebeln haben nämlich jede Menge Vitamine und Mineralstoffe, können nachweislich Krankheiten vorbeugen, helfen bei Husten und wirken entzündungshemmend.

Wenn Babys und kleine Kinder zum Beispiel Ohrenschmerzen haben, legt man ihnen ein warmes Säckchen mit geschnittenen Zwiebeln aufs Ohr. Kennt ihr ja vielleicht auch noch. Nicht selten sind danach die Ohrenschmerzen schon nach kurzer Zeit vorbei. Das liegt daran, dass Zwiebeln ätherische Öle, Senföle, Lauchöle und den Stoff Alliin enthalten. Doch leider ist dieses Alliin auch noch für etwas anderes verantwortlich.

Wieso müssen wir beim Zwiebelschälen weinen? Das check ich für euch!

Checker FRAGE?

Wieso müssen wir beim Zwiebelschälen weinen?

Haltet ihr euch Zwiebeln ungeschält und ungeschnitten vor die Augen, passiert nichts. Weinen müsst ihr erst, wenn die Zwiebel angeschnitten wird. Denn dann werden die Zellwände der Zwiebel zerstört und zwei der Inhaltsstoffe der Zwiebel, die eigentlich getrennt voneinander sind, verschmelzen und bilden einen neuen Stoff der Zwiebel. Diese beiden Stoffe sind die schwefelhaltige Aminosäure Isoalliin und das Enzym Alliinase. Beides leitet sich übrigens aus dem lateinischen Wort für Zwiebel, »allium«, ab.

Wenn diese beiden Stoffe aufeinandertreffen, kommt es zu einer Reihe chemischer Reaktionen, an deren Ende ein neuer Stoff, eine Art Tränengas, gebildet wird: Propanthial-S-Oxid. Und um unsere Augen vor diesem ätzenden Gas zu schützen, fangen wir an zu weinen. Die Tränen verwässern nämlich die Wirkung des Gases, weswegen es nicht mehr so in den Augen brennt. Das Heulen beim Zwiebelschneiden ist also eine körperliche Schutzreaktion von uns.

Umgekehrt ist das Ganze aber auch eine Schutzreaktion der Zwiebel. Dadurch, dass das Gas gebildet wird, wenn die Zwiebel verletzt wird, schützt sie sich davor, von Tieren gefressen zu werden. Die haben nämlich auch überhaupt keinen Bock auf brennende Augen.

Zum Glück gibt es aber auch einige Tricks, die euch beim Zwiebelschneiden helfen: Das Messer sollte immer möglichst scharf sein, denn ein sauberer Schnitt sorgt für weniger Reizgas, als wenn ihr die Zwiebel beim Schneiden »zermatscht«. Außerdem könnt ihr vorher die Zwiebel kurz ins Gefrierfach legen, denn bei Kälte bilden sich weniger der Reizstoffe. Aber dann bitte nicht aus Versehen die Zwiebel im Kühlfach vergessen, okay?

Eine andere Möglichkeit ist, sich den Effekt unserer Tränen zunutze zu machen: Wenn ihr die Zwiebel unter Wasser schneidet oder das Brettchen vorher mit Wasser benetzt, wird die chemische Reaktion ebenfalls behindert und das Reizgas merklich abgeschwächt beziehungsweise ganz verhindert. Mein Lieblingstrick ist allerdings definitiv ein anderer, einfach auch weil er lustig ist und total beknackt aussieht.

Einfach eine Taucherbrille beim Zwiebelschneiden aufsetzen, und schon seid ihr vor allen Gasen geschützt. Tränen in die Augen bekommt ihr dann höchstens vom Lachen ...

Egal ob in einem indischen Curry, einer italienischen Tomatensoße, als Suppe oder in der Pfanne geschmälzt: Zwiebeln bilden auf der ganzen Welt in vielen Gerichten die Basis und geben oftmals den letzten geschmacklichen Pfiff.

DIE HÄUFIGSTEN ZWIEBELSORTEN

1. Die braune Haushaltszwiebel ist der Klassiker: sie passt durch ihr pikant-scharfes Aroma zu fast allem: zum Beispiel zu Fleisch, Fisch, Gemüse oder auch zu einem Frühstücksomelett. Mhmmm. Frühstückseier!

2. Die milde Gemüsezwiebel wird oft als Hauptgericht verwendet, zum Beispiel in der Zwiebelsuppe oder dem Zwiebelkuchen.

3. Die rote Zwiebel schmeckt etwas süßlich und passt roh gut in Salate, aber ebenso in Suppen, Soßen und Risotto.

4. Frühlingszwiebeln erinnern nicht nur im Aussehen an Lauch. Sie passen gut zu Gemüse und Salaten. Darüber hinaus sehen sie auch noch schön auf dem Teller aus, wenn ihr sie am Ende auf euer Essen streut.

5. Die weiße Zwiebel ist mild und etwas süßlich und wird gerne in Marinaden verwendet.

6. Schalotten werden gerne ins Risotto getan, eignen sich aber auch hervorragend als Soßenbasis.

In Südamerika, dem nächsten Ziel unserer kulinarischen Weltreise, ist das nicht anders. Auch dort herrschen natürlich in den einzelnen Ländern verschiedene Kulturen mit unterschiedlichen Vorlieben und eigenen leckeren Spezialitäten. Doch worauf sich wirklich der gesamte Kontinent einigen kann, sind Empanadas.

Erfunden wurden Empanadas vermutlich in Spanien. Eines der frühesten Zeugnisse der Empanadas seht ihr zumindest an der Außenwand der Kathedrale von Santiago de Compostela. An einem Relief steht ein Apostel und knabbert an … was? Genau: einem Empanada. Um genau zu sein, einem Empanada gallega, also einem Empanada aus der spanischen Region Galicien.

Als die Empanadas dann von Spanien nach Lateinamerika gelangten, haben diese schnell die Herzen und Mägen des ganzen Kontinents erobert. Heutzutage gibt es Empanadas in allen möglichen Formen und Arten: dreieckig, als Halbmond, gebacken, frittiert, mit Fleischfüllung oder ohne Fleisch. Und auf der nächsten Seite findet ihr die Checker Tobi-Variante.

Viel Spaß beim Nachkochen!

SÜDAMERIKA: EMPANADAS

IHR BRAUCHT FÜR DEN TEIG (ERGIBT 6–8 EMPANADAS):

400 g Weizenmehl Type 405

6 EL Sonnenblumenöl

125 ml lauwarmes Wasser

UND FÜR DIE FÜLLUNG:

2 hart gekochte Eier

2 Zwiebeln

1 Knoblauchzehe

80 g Oliven

1 Paprikaschote

80 g Rosinen

etwas Öl

300 g Hackfleisch oder Hühnerfleisch

1 Chilischoten

etwas Paprikapulver

etwas Rosmarinpulver oder frischer klein gehackter Rosmarin

1 EL gemahlener Kreuzkümmel

1 EL Kurkumapulver

Salz

frisch gemahlener schwarzer Pfeffer

1 l Öl zum Frittieren

UND SO GEHT'S:

1. Falls ihr die Eier noch nicht hart gekocht habt, ist jetzt der Zeitpunkt dafür.
2. Mehl, Öl und Wasser zu einem Teig kneten und zur Seite stellen.
3. Zwiebeln, Knoblauch, Oliven, Paprika, Eier und Rosinen klein schneiden.
4. Öl in einer Pfanne erhitzen und das Fleisch anbraten.
5. Zwiebeln, Paprika und Knoblauch hinzugeben.
6. Rosinen, Chili, Eier und Gewürze sowie Salz und Pfeffer zum Fleisch geben und von der Hitze nehmen. Durchziehen lassen.
7. Den Teig in 6 bis 8 Teile teilen und daraus runde, etwa 10 cm breite Fladen formen.
8. Jetzt mit einem Esslöffel die Füllung in die Fladenmitte geben.
9. Die Ränder des Teiges mit Wasser bestreichen und einmal umklappen, sodass Halbmonde entstehen.
10. Die Ränder gut andrücken, am besten mit einer Gabel, damit der Empanada gut verschlossen ist.
11. Das Öl auf 180 °C vorheizen und die Empanadas 6–8 Minuten ausbacken.
12. Ich wünsche: Buen provecho!

NORDAMERIKA: MAC 'N' CHEESE MIT PANKO-KRUSTE

IHR BRAUCHT:

700 ml Milch

300 ml Sahne

Salz

frisch gemahlener schwarzer Pfeffer

frisch geriebene Muskatnuss

400 g Maccheroni

5 EL Butter

300 g würzige Käse-Mischung (z. B. Cheddar, Emmentaler und Parmesan)

50 g Schnittlauch

50 g Panko-Mehl

UND SO GEHT'S:

1. Milch und Sahne aufkochen, mit Salz, Pfeffer und Muskat würzen. Vorsichtig salzen, da der Käse später schon recht salzig ist.
2. Die Maccheroni in der Milchsahne etwa 10 Minuten köcheln lassen, dann 3 EL Butter dazugeben.
3. In dieser Zeit den Käse reiben und den gewaschenen Schnittlauch in kleine Röllchen schneiden.
4. Den Ofen auf 200 °C (Oberhitze oder Grillfunktion) vorheizen.
5. Wenn die Maccheroni gar sind, den geriebenen Käse und ⅔ des Schnittlauchs einrühren, bis der Käse geschmolzen ist.
6. Jetzt die Käse-Nudeln in eine Auflaufform geben und ab damit in den Ofen.
7. Panko mit dem Rest der Butter in der Pfanne leicht anbraten, es soll aber nicht braun werden.
8. Das Panko-Butter-Gemisch auf die Nudeln geben und im Ofen goldbraun fertig backen.
9. Rauf auf die Teller, mit Schnittlauch bestreuen, fertig. Enjoy your meal!

ESSKULTUR

Ob bei Hochzeiten, an Weihnachten oder bei Geburtstagsfeiern, ob mit Fremden oder einfach nur so zu Hause mit der Familie: Wenn viele Leute am Tisch sitzen, machen mir Mahlzeiten immer am meisten Spaß. Geht euch bestimmt auch so. Oder, Leute?

Warum das so ist? Weil Kochen und Essen viel mehr ist als bloße Nahrungsaufnahme. Nicht umsonst spricht man dabei auch von EssKULTUR. Denn es spielt nicht nur eine Rolle, was wir essen, sondern auch, wie. Ob ihr 'ne Pizza alleine auf dem Sofa vorm Fernseher esst oder in einem gut gefüllten italienischen Restaurant, gibt euch ein völlig anderes Gefühl. Selbst wenn es sich um exakt dieselbe Pizza handeln würde.

Und so unterschiedlich die Gerichte in den einzelnen Regionen der Welt sind, so verschieden ist auch die jeweilige Esskultur. Das fängt schon mit dem Besteck an: mit Messer und Gabel wie wir in der westlichen Welt, mit Stäbchen wie oft in Asien praktiziert – oder einfach mit den Händen, wie gerne in Afrika, Indien oder auch im arabischen Raum zuweilen gegessen wird.

In Südeuropa sind dabei zum Beispiel größere Runden wie bei uns zu Geburtstagen völlig normal: In Spanien, Griechenland oder auch Portugal zum Beispiel ist das Klima so angenehm, dass oftmals einfach die Tische vors Haus auf die Straße gestellt werden. Oft kommen dann auch Freunde und Familie dazu. Die Menschen dort nehmen sich richtig Zeit und ein Abendessen umfasst gerne mehrere Gänge und dauert Stunden.

Ganz anders hat sich das Essverhalten bei uns in Deutschland in den letzten Jahren entwickelt. Das Angebot von Fast Food, also »schnellem Essen«, wird immer größer und in der Stadt lässt sich fast an jeder Ecke Essen zum Mitnehmen kaufen.

Klar, ist ja auch superpraktisch und spart viel Zeit. Daher essen viele Menschen häufig unter Zeitdruck, nebenbei am Schreibtisch oder in der Bahn.

Aber mal ganz davon abgesehen, dass wir dabei unser Essen überhaupt nicht wertschätzen können, verpassen wir auf diese Weise blöderweise auch einiges: nämlich Dinge wie Freude, Genuss, Geborgenheit oder Gemeinschaftsgefühl. Dinge also, die mindestens genauso wertvoll sind wie die Nährstoffe, die ihr zu euch nehmt. Das haben inzwischen viele Forscher herausgefunden, die gemeinsame Familienmahlzeiten untersucht haben.

Es gibt echt viele gute Gründe, sich ein wenig Zeit zu nehmen und gemeinsam das Essen zu genießen: Zum Beispiel reduziert sich das Risiko von Übergewicht, wenn Familien oft zusammen essen. Wir verschwenden auch nachweislich weniger Zeit bei der Nutzung von Social Media, es herrscht weniger Kriminalität und es reduziert sogar psychische Erkrankungen! Voll cool, oder?

Darüber hinaus verbindet eine gemeinsame Mahlzeit die Menschen auch. Es fördert die Sprache und den Austausch untereinander, wir hören den anderen zu, führen spannende Gespräche und erleben diese Zeit als besonders positiv. Kurz: Gemeinsame Mahlzeiten tun uns einfach echt gut!

Und das geht nicht nur uns in Deutschland so, sondern das gilt für alle Menschen überall auf der Welt. Damit das aber auch gut funktioniert und sich alle während des Essens wohlfühlen, braucht es ein paar Regeln, sogenannte Tischmanieren. Also zum Beispiel, richtig mit Messer und Gabel zu essen. Habt ihr vermutlich schon das eine oder andere Mal von euren Eltern gehört.

Aber ganz ehrlich, auch wenn es nervt, manchmal haben eure Eltern sogar tatsächlich recht. Und deswegen gibt's jetzt ein paar ganz einfache Dinge, die jeder beachten kann, damit das gemeinsame Essen auch für alle ein Genuss ist.

CHECKER TOBIS GOLDENE TISCHREGELN

1. Vor dem Essen: Hände waschen.
Ob Krankheitserreger oder Spielplatz-Dreck – hat alles nix bei Tisch verloren.

2. Erst beginnen, wenn alle was haben.
Ist einfach höflicher. Heißt ja nicht umsonst »gemeinsame Mahlzeit« und nicht nur »gemeinsames Am-Tisch-Sitzen«.

3. Beim Essen wird gegessen.
Klingt logisch, bedeutet aber eben auch, dass da kein Platz für anderes ist: also auch kein Spielzeug oder Smartphone.

4. Besteck ist zum Benutzen da …
Ausnahmen wie Pizza oder Pommes bestätigen hier die Regel.

5. … und es wird zum Mund geführt.
Nicht umgekehrt.

6. Keine komischen Laute am Tisch:
Furzen, Rülpsen, Schmatzen – alles doof. Genauso übrigens wie mit vollem Mund zu reden oder mit offenem Mund zu kauen.

7. Zuhören und ausreden lassen.
Das gilt bei Tisch genauso wie sonst überall auch.

Klingt doch eigentlich alles ganz einfach und irgendwie logisch, oder? Aber Vorsicht – genauso wie überall auf der Welt andere Speisen gegessen werden, gibt's auch von Kultur zu Kultur zum Teil krasse Unterschiede bei den Tischmanieren!

PARTYFOOD!
ESSEN ZUM TEILEN

Ich weiß ja nicht, wie es euch geht, Leute, aber ich liiiebe ja Partys. Was nicht nur daran liegt, dass so viele Freunde und liebe Menschen um einen rum sind, man coole Musik hören oder so viel zusammen lachen kann, sondern auch am Buffet. Kennt ihr ja bestimmt auch zum Beispiel von den Sommerfesten in eurer Schule: leckere Sachen, so weit das Auge reicht, die alle nur darauf warten, probiert zu werden.

Es ist einfach total cool, sich ganz viele verschiedene Leckereien auf den Teller zu packen – und dann während der Feier einfach immer wieder dorthin zu gehen, so lange und oft, wie man Lust hat.

Als ich noch ein Kind war, gab es das gar nicht so oft und vor allem nicht in dem Ausmaß wie heute. An Geburtstagen gab es meistens einfach einen Kuchen und fertig. Und wenn die Erwachsenen mal eine Party gefeiert haben, bei der wir Kinder mit dabei sein durften, bestand das Buffet öfter eher aus Käsespießchen oder Mett-Igeln. Also gewürztem, rohem Hackfleisch mit Zwiebeln.

Zum Glück haben sich die Zeiten geändert und bei einem Buffet geht es heutzutage richtig ab! Da wird Fingerfood aus aller Herren Länder gereicht, es gibt Süßes und Salziges und es ist einfach für jeden Geschmack etwas dabei. Ein paar meiner liebsten Leckereien, die ich bis jetzt an solchen Buffets gefunden habe, möchte ich euch heute hier vorstellen. Den Beginn macht ein Snack, den es zu meiner Kindheit überhaupt noch gar nicht gab: Kuchen am Stiel, auf Englisch »Cake Pops« genannt.

Erfunden hat die leckeren Stäbchen die Engländerin Angie Dudley in ihrer kleinen Backstube in London. Als sie die Fotos von ihren rosa Cake Pops im Internet veröffentlichte, dauerte es nicht lange, bis man sie plötzlich in ganz London kaufen konnte und bald darauf in der ganzen Welt.

Heutzutage gibt es unzählige Rezepte und Gestaltungsideen – eine besonders leckere Variante findet ihr jetzt auch hier: Checker Tobis Cake Pops.

SCHNEEBALLSCHLACHT – PIKANTE CAKE POPS

IHR BRAUCHT FÜR 18–20 STÜCK:

60 g Weizenmehl Type 405

40 g Speisestärke (z.B. Mondamin)

1 TL Backpulver

Salz

4 Eier (Größe M) bei Raumtemperatur

20 g Puderzucker

160 g saure Sahne (wahlweise Quark)

1 TL Senf

frisch gemahlener schwarzer Pfeffer

1 kleine gelbe Paprika

½ Bund Schnittlauch

1 kleine Karotte

100 g Walnüsse

160 g Quark

1 TL Olivenöl

1 Spritzer Zitronensaft

AUSSERDEM:

1 Backblech (38 × 24 cm)

Backpapier

Zahnstocher

UND SO GEHT'S:

1. Den Backofen auf 180 °C (Ober-/Unterhitze) vorheizen und ein Backblech mit Backpapier auslegen. Nicht einfetten.
2. Das Mehl, die Stärke, das Backpulver und ½ TL Salz in einer Schüssel vermischen.
3. Die Eier trennen. Eigelbe mit dem Puderzucker in eine Schüssel geben. Mit dem Handmixer auf höchster Stufe in circa 6–7 Minuten hell-cremig schlagen.
4. Die Eiweiße mit 1 Prise Salz steif schlagen.
5. Den Eischnee vorsichtig unter die Eigelbmasse heben, dann die Mehlmischung darübersieben und auch unterheben.
6. Die Masse gleichmäßig auf dem Blech verteilen und im Ofen circa 8–10 Minuten backen.
7. Die Teigplatte auf ein Kuchengitter stürzen und abkühlen lassen.
8. Dann das Backpapier abziehen, den Biskuit mit den (sauberen!) Händen fein in eine Schüssel zerkrümeln.
9. Die Krümel mit saurer Sahne und Senf verkneten. Mit Salz und Pfeffer abschmecken.
10. Jetzt könnt ihr die Bällchen formen. Eine Kugel hat circa 20 g, das sollten ungefähr 18– 20 Bällchen werden – wenn's mehr oder weniger sind, ist es aber auch nicht schlimm.
11. Ab damit in den Kühlschrank für circa 1 Stunde.
12. Genug Zeit, um sich für die so bunte wie leckere Deko der Schneebälle zu kümmern: Dafür die Paprika waschen, halbieren, entkernen und in sehr kleine Würfelchen hacken. Den Schnittlauch waschen und in feine Röllchen schneiden. Die Karotte schälen und ebenfalls in kleine Würfel schneiden. Die Walnusshälften in kleine Stücke hacken.

13. Alles hinein in ein eigenes Schälchen.

14. Jetzt den Quark in eine Schüssel geben, mit Olivenöl, Zitronensaft, Salz und Pfeffer würzen. Etwas Quark in die Handinnenflächen geben und die Kugeln rundum mit einer Quarkschicht umhüllen.

15. Jetzt nur noch auf den Zahnstocher spießen und unregelmäßig mit Paprika, Schnittlauch, Karotte oder Walnuss bestreuen.

16. Fertig sind die Schneebälle. Auf in die Kuchenschlacht!

TOFU-CURRYWURST MIT SÜSSKARTOFFEL-POMMES

IHR BRAUCHT:

600 g Tomaten

2 EL Olivenöl + etwas mehr zum Braten

2 EL Currypulver

1 EL Tomatenmark

1 EL brauner Zucker

50 ml Apfelsaft

100 ml passierte Tomaten

400 g Räuchertofu

1 Dose Kidneybohnen (240 g Abtropfgewicht)

1 Zwiebel (circa 40 g)

1 TL Majoran

1 TL Rauchsalz

frisch gemahlener schwarzer Pfeffer

3–4 Eiswürfel

8 g Flohsamen

5–6 Reisblätter

800 g Süßkartoffel

Öl zum Frittieren

eventuell etwas Maisstärke zum Bestäuben

Salz

UND SO GEHT'S:

1. Die Tomaten waschen und ganz auf einem Blech bei stärkster Hitze circa 20 Minuten in den Ofen geben, sodass sie anfangen, schwarz zu werden.

2. 1 EL Olivenöl in eine Pfanne geben, 1 EL Currypulver und das Tomatenmark hinzugeben und leicht anrösten. Den braunen Zucker dazu und dann mit dem Apfelsaft ablöschen.

3. Die Tomaten aus dem Ofen dazugeben und zum Schluss die passierten Tomaten. Alles für circa 10 Minuten köcheln lassen.

4. Alles pürieren und anschließend die Masse durch ein Sieb streichen.

5. Jetzt geht's um die Wurst! Dafür den Tofu klein schneiden und gemeinsam mit den Kidneybohnen, 1 EL Olivenöl, der klein geschnittenen Zwiebel, Majoran, Rauchsalz und Pfeffer in einen Standmixer geben. Alles auf kleinster Stufe mixen.

6. Nach und nach die Eiswürfel reingeben und mixen, bis eine cremige Masse entstanden ist.

7. Zum Schluss den Flohsamen dazu, noch mal kurz durchmixen und die Masse in einen Spritzbeutel füllen.

8. Jetzt kommt der schwierigste Part: Nehmt das erste Reisblatt, wässert es ein wenig und spritzt einen Strang der Masse auf die Mitte des Reispapiers. Jetzt das Papier seitlich zur Mitte einschlagen, dann von unten und oben einklappen und aufrollen. Achtet darauf, dass das Reisblatt nicht dreifach aufgerollt ist, schneidet den Rest lieber ab.

9. Dann kommen die nächsten Würste … Ich bin gespannt, wie es euch gelingt. Bei mir gab es bei den ersten Versuchen eine Riesensauerei. Aber es wird besser, versprochen.

10. Wenn ihr die Würste gerollt habt, ab damit in eine geölte Pfanne und braten.

FLOHSAMEN

Das indische Flohsamen-Kraut, ein Verwandter unseres Spitzwegerichs, gehört zu den Heilpflanzen und dient überdies in der Küche als gutes Bindemittel. Den Namen tragen sie nur, weil die Samen optisch an Flöhe erinnern.

11. **In der Zwischenzeit sollte ein weiterer Koch oder eine Köchin sich um die Süßkartoffeln kümmern: gut waschen und in schmale Streifen von knapp 1 cm schneiden.**
12. **Jetzt die Pommes in einer Pfanne mit reichlich Öl kurz anbraten, dann herausnehmen, auf einem Küchentuch abtropfen und ein wenig abkühlen lassen.**
13. **Jetzt erst kommt die richtige Frittierrunde – so werden die Pommes nämlich besonders kross!**
14. **Falls ihr sie lieber im Ofen machen wollt, geht das auch, nachdem ihr sie mit Olivenöl, Maisstärke und Salz mariniert habt. Dann bei 180 °C (Ober-/Unterhitze) in den Ofen, bis sie ordentlich kross und lecker sind. Wie lange das dauert, hängt davon ab, wie dick ihr die Pommes geschnitten habt. Je dicker, desto länger dauert es.**
15. **Pommes und Wurst auf einem Teller anrichten, Soße drüber und mit Currypulver bestäuben.**

Curry – wie das von unserer leckeren Tofu-Wurst – ist übrigens kein einzelnes Gewürz, sondern immer eine Mischung. Ich durfte sogar schon mal in einer Gewürzmanufaktur selbst eine Curry-Mischung herstellen! Bei mir bestand es aus Kurkuma, wegen der intensiven Farbe auch Gelbwurzel genannt, Fenchelsamen, Chili, Kreuzkümmel, Pfeffer, Nelken, Knoblauch und Muskatblüte. Ich hab alles fein gemahlen, ordentlich vermischt – und fertig war mein eigenes Currypulver. Ein bisschen fruchtig und nicht zu scharf. Richtig lecker, Leute!

WIE SCHARF IST DAS DENN?

Scoville ist eine Schärfeskala, die ein gleichnamiger Apotheker vor über 100 Jahren entwickelt hat, um die verschiedenen Schärfegrade von Chilis und Paprikasorten einzusortieren. Milde Chilis haben bis zu 3000 Scoville, die schärfste Chili der Welt hat über eine Million.

Fertig gemischte Currypulver gibt es im Supermarkt meist auch in verschiedenen Schärfegraden zu kaufen. Manche sind eher süßlich, manche echt scharf. Wie Chilipulver oder Cayennepfeffer. Also immer schön vorsichtig sein, wenn ihr damit euer Essen würzt, sonst kann es leicht passieren, dass – ja, was eigentlich?

Was passiert, wenn wir zu scharf essen? Das check ich für euch!

Checker? FRAGE

Was passiert, wenn wir zu scharf essen?

Ihr wisst inzwischen, dass es auf der Zunge ganz viele Geschmacksknospen gibt. Darüber hinaus liegen da aber auch ganz viele Nervenzellen. Und wenn wir scharf essen, schlagen die Alarm. Sie melden unserem Gehirn: Achtung, Schmerz!

Unser Körper unternimmt dann alles, um die Schärfe rauszuspülen. Wir fangen an zu schwitzen, die Augen tränen, die Nase läuft und es sammelt sich ganz viel Spucke im Mund.

Wenn das Essen aber wirklich zu scharf ist, wird uns schwindelig, manche müssen sich übergeben und man kann sogar ohnmächtig werden! Scharfes Essen ist also für den Körper eine echte Herausforderung!

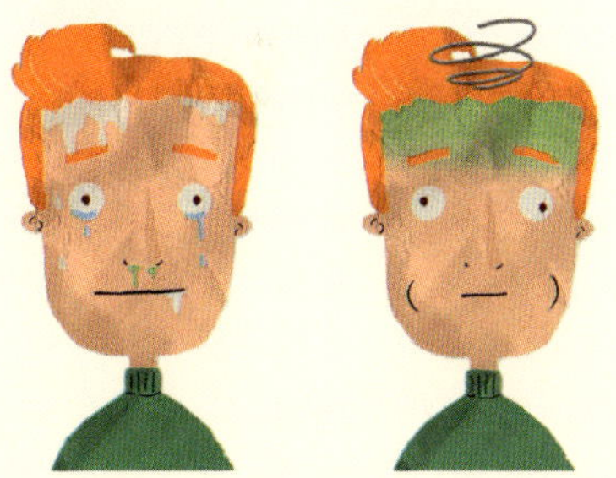

Trotzdem essen viele Menschen vor allem in heißen Ländern wie zum Beispiel Indien, Mexiko und Teilen von Afrika sehr oft scharfes Essen. Ihre Körper sind daran gewöhnt und die Menschen machen das, weil scharfe Gewürze im Essen gegen Krankheitsbakterien und Pilze helfen, die sich in heißen Ländern schneller ausbreiten als in kühleren Gefilden.

Und was machen die, die nicht gerade aus einem afrikanischen Land, Mexiko oder Indien kommen, wenn sie zu viel Scoville im Mund haben? Auch wenn es naheliegt, um einen Brand im Mund zu löschen: Wasser hilft nicht wirklich, weil das die Schärfe einfach nur verteilt. Trinkt stattdessen lieber ein Glas kühle Milch, esst einen großen Löffel Naturjoghurt oder kaut eine Zeit lang auf einem Stück trockenem Brot herum – das saugt dann die Schärfe etwas auf.

FRAGE gecheckt!

Kandidaten wie Currysoße, aber auch Ketchup oder Mayo sind ja immer beliebte Fleckenmacher – neben Fettfingern, Bratensoße, Limo, Spinat oder so ziemlich jedem gekochten Gemüse und natürlich zahlreichen Früchten.

Ich weiß, ihr passt da immer auf, Leute, und ihr macht sowieso voll selten, also eigentlich nie, irgendwelche Flecken irgendwohin – aber vielleicht passiert's ja euren Eltern mal und irgendwie habt ihr plötzlich einen fetten Fleck vorne auf dem Lieblings-T-Shirt. Und dann?

Was sind die besten Hausmittel gegen Flecken? Das check ich für euch!

Checker FRAGE?

Was sind die besten Hausmittel gegen Flecken?

Also, bei Flecken ist die erste Faustregel ja: immer gleich weg damit! Sobald ein Fleck eingetrocknet ist, ist das Entfernen immer schwieriger. Die drei wichtigsten Mittel, die ihr wahrscheinlich auch alle zu Hause habt, sind dabei: Zitronen, Essig und Backpulver.

Vor allem Backpulver ist ein wahres Wundermittel und eignet sich prima für Fett- und Ölflecken: Dafür das Backpulver mit ein paar Tropfen Wasser vermischen, bis eine Paste entsteht. Die auf dem Fleck verteilen und so lange einwirken lassen, bis die Paste getrocknet ist. Dann einfach das trockene Pulver etwas abschaben und die Kleidung wie gewohnt waschen. Fertig.

Zitrone klappt am besten bei Tomatenflecken. Einfach etwas Zitronensäure direkt auf dem Fleck eine Weile einwirken lassen und danach in der Maschine wie gewohnt waschen.

Essig funktioniert ziemlich super bei Kalkflecken, zum Beispiel im Wasserkocher, aber auch bei vielen Obst- und Gemüseflecken: Einfach den Fleck in Essig tränken, gut einziehen lassen und dann den Fleck vorsichtig aus dem Stoff reiben.

ROBERTAS FLECK-WEG-CHECK

1. Was? 2. Womit? 3. Wie?

1. Fett **2.** Backpulver, Stärke, Kartoffelmehl **3.** Auf die Flecken streuen, einwirken lassen, abbürsten

1. Schokolade **2.** Spülmittel **3.** Spüli auf den Fleck, einwirken lassen, ausspülen.

1. Rote Bete **2.** Backpulver und Mineralwasser **3.** Ein halbes Päckchen Backpulver in kaltem Mineralwasser auflösen und einweichen, dann normal waschen

1. Karotten **2.** Sonnenblumenöl **3.** Auf dem Fleck einwirken lassen, ausspülen und dann normal waschen

1. Tomate **2.** Essig oder 1 : 5 Essigessenz und Wasser **3.** Einlegen und unter kaltem Wasser auswaschen – müsst ihr vielleicht mehrmals machen

1. Öl und Fett **2.** Löschpapier **3.** Auf den Fleck legen und bügeln

1. Obst und Fruchtsäfte **2.** Zitrone **3.** Einreiben und abreiben

Einen Sonderfall stellt Kürbiskernöl dar. Die Farbe lässt sich nicht entfernen – aber dafür gibt's 'nen anderen Trick: einfach die Stelle feucht machen und in der Sonne trocknen lassen. Dann verschwinden die grünen Flecken, weil der Farbstoff zerfällt.

Ich hoffe, Robertas Tipps können dazu beitragen, das eine oder andere Lieblingsteil zu retten. Wenn ihr das nächste Rezept kocht, werdet ihr es vielleicht brauchen ...

TACO MIT PULLED SEITLING

DAS BRAUCHT IHR FÜR 6 TACOS:

2 Karotten

Salz

2 Prisen Zucker

1 rote Zwiebel

2 Mini-Romanasalate

250 g griechischer Joghurt

50 ml Sahne

frisch gemahlener schwarzer Pfeffer

20 g Bohnenkraut

600 g Seitlinge

reichlich Olivenöl

1 Packung Tacos

UND SO GEHT'S:

1. Die Karotten schälen, in feine Streifen schneiden und mit Salz und 1 Prise Zucker marinieren.
2. Die Zwiebel schälen und fein hobeln. Den Salat zunächst waschen, vierteln und dann auch in Streifen schneiden.
3. Joghurt mit Sahne, Salz, Pfeffer und knapp der Hälfte des Bohnenkrautes vermischen. Einen Teil davon mit dem Romanasalat mischen.
4. Jetzt die Seitlinge in Scheiben von circa 0,5 cm schneiden und in einer Pfanne mit Olivenöl braten. Ruhig ordentlich Öl nehmen, die Seitlinge schlucken viel.
5. Gebt jetzt das restliche Bohnenkraut, Salz, Pfeffer und 1 Prise Zucker dazu.
6. Sobald die Seitlinge Farbe angenommen haben, aus der Pfanne nehmen und auf einem Brett mit zwei Gabeln zerrupfen.
7. Jetzt die Tacos erst mit Romanasalat, dann mit Karotte und dann den Seitlingsfetzen befüllen.
8. Obendrauf ein wenig Zwiebel und einen schönen Klecks Joghurt-Dip!
9. Küchentücher nicht vergessen! Braucht ihr auf jeden Fall für eure Hände. Oder für die Füllung, die auf dem Tisch landet. Oder auf dem Boden. Und auf jeden Fall am Ende für euren Mund …

KRÄUTERSEITLING

Der Kräuterseitling ist ein beliebter Kulturpilz und eignet sich sehr gut als Fleischersatz für die vegetarische Küche. Geschmacklich ähnelt er dem Steinpilz und ist unter Pilzkennern sehr beliebt.

MAMMA MIA! PIZZA NAPOLETANA!

IHR BRAUCHT FÜR DEN TEIG:

500 g Mehl Type 00 (Pizzamehl)

6 g Hefe

9 g Zucker

300 ml lauwarmes Wasser

10 g Meersalz

2 TL Olivenöl

etwas Dinkel- oder Hartweizengrieß

UND FÜR DEN BELAG:

400 ml Tomatensoße (checkt dafür die Spaghetti Pomodoro, Seite 126)

4 Packungen Mozzarella

frisches Basilikum

UND SO GEHT'S:

1. Das Wichtigste zuerst: der Teig! Dafür das Mehl in die Schüssel einer Küchenmaschine geben, in der Mitte eine Kuhle bilden und die zerbröselte Hefe und den Zucker hineingeben. 75 ml lauwarmes Wasser hineinschütten und die Küchenmaschine mit dem Knethaken starten.
2. Löst jetzt das Meersalz in 75 ml lauwarmem Wasser auf, sodass es wirklich ganz aufgelöst ist. Lasst es langsam in die Schüssel der Küchenmaschine laufen.
3. Jetzt das restliche Wasser nach und nach dazukippen.
4. Sobald der Teig fest und glatt ist, kommt das Olivenöl hinein – und noch einmal 10–15 Minuten kneten.
5. Wenn der Teig fertig ist, mit einem Tuch abdecken und ab damit für 24 Stunden in den Kühlschrank bei nicht mehr als 4 °C.
6. Vorfreude spüren, das Wasser im Mund zusammenlaufen lassen, vorm Schlafengehen Adriano Celentano hören und nachts vom Mittelmeer träumen.
7. Nach 24 Stunden geht's dann weiter: Teilt den Teig in vier gleiche Teile, formt Kugeln und zieht den Teig rundum immer nach unten, sodass wir eine schön gespannte Oberfläche haben.
8. Die Kugeln legt ihr jetzt auf ein mit Dinkel- oder Hartweizengrieß bestreutes Blech und stellt es noch mal für circa 40 Minuten in den Kühlschrank.
9. Spätestens jetzt solltet ihr noch mal das Rezept für die Spaghetti Pomodoro checken (siehe Seite 126) und euch um die Tomatensoße kümmern.

10. Nun kommt das Ausrollen! Nehmt eine Teigkugel, legt sie auf eine wieder mit Grieß bestreute Fläche, bestreut den Teig ein wenig und drückt den Teig mit den Fingern von beiden Händen von innen nach außen, während ihr den Teig dabei ständig dreht. Klingt megakompliziert, ist mit ein wenig Übung aber gar nicht so schwer. Sobald ihr die Fläche so vergrößert habt, dass ihr eure Handflächen nehmen könnt, zieht ihr den Teig auf die richtige Größe.

11. Gut drauf achten, dass der Teig nirgendwo am Boden festklebt.

12. Jetzt mit der Tomatensoße bestreichen.

13. Mozzarella in Scheiben schneiden, rauf auf die Pizza und ab damit in den vorgeheizten Ofen. Der Ofen muss dafür richtig heiß sein! Je heißer, desto besser, mindestens aber 250 °C (Ober-/Unterhitze).

14. Nach spätestens 10 Minuten ist die Pizza fertig!

15. Jetzt nur noch frisches Basilikum drauf, schneiden, pusten, Augen zu und reinbeißen! Schon seid ihr in Italien!

Seit ich denken kann, gehört Pizza zu meinen absoluten Lieblingsessen! Und die Pizza, wie wir sie kennen, verdanken wir dem italienischen König Umberto I. – oder vielmehr seiner Frau Margherita. Die stand nämlich mindestens so sehr auf Pizza wie ich und ließ sich gerne aus dem ganzen Land welche kommen. Die armen Pizzalieferanten.

Unter all den Pizzabäckern war auch eine Pizzeria aus Neapel. Und diese entschied sich, ihre Pizza für die Königin in den Landesfarben zu belegen: rote Tomatensoße, weißer Mozzarella und grünes Basilikum – wie die italienische Flagge. Und was glaubt ihr, wie sie die Pizza nannten? Richtig, wie die Königin: Margherita. Und darüber hat sich damals nicht nur die Königin wie Bolle gefreut, sondern inzwischen auch die ganze Welt.

Als ich in Italien war, durfte ich mir sogar selbst eine Pizza machen: unsere Pizza Neapolitana. Das Rezept ist also echt original und von mir handerprobt!

Das Wichtigste dabei ist für die Italiener aber nicht etwa der Belag, sondern der Teig! Dünn gerollt, kross, im Steinofen gebacken und einfach superlecker. Und die Zutat, ohne die bei einer echten italienischen Pizza gar nix geht, ist Hefe. Also so bröseliges Zeug, das auch ein bisschen stinkt.

Warum das so ist, hab ich für euch mal in einem kleinen Experiment ausprobiert. Was macht die Hefe im Teig? Das check ich für euch!

Checker FRAGE

Was macht die Hefe im Teig?

In der Hefe sind ganz viele kleine Hefepilze drin. Die sind so winzig, dass man sie mit bloßem Auge nicht sehen kann. Trotzdem haben diese Pilze richtig Power!

Mischt man die Hefe nämlich mit Wasser und Zucker, legen die Hefepilze richtig los. Die Pilze fressen den Zucker und scheiden dann das Gas Kohlendioxid aus. Die Pilze pupsen also. Und nach einiger Zeit sieht dann unser Gemisch so aus: überall Bläschen!

Dasselbe passiert auch im Teig und sorgt dafür, dass der Teig gärt und größer wird, man sagt dazu »aufgeht«. Danach hab ich zwei kleine Brote gebacken – ein Brot mit Hefe und eines ohne.

Im Ofen passiert dann Folgendes mit den Hefepilzen: Wie alle Lebewesen sind auch sie auf gemäßigte Temperaturen angewiesen. Unter so großer Hitze wie in einem Ofen sterben sie ab. Das Kohlendioxid, das sie vorher im Teig freigesetzt haben, dehnt sich jedoch in der Hitze aus und lässt Kuchen und Brot aufgehen und so wunderbar fluffig werden.

Und guckt mal: links ohne Hefe, rechts mit Hefe. Das rechte Brot ist also beim Backen fast doppelt so dick geworden – und doppelt so lecker!

Beim Backen gibt es aber natürlich noch andere Arten als Hefe- oder Brotteig. Hier mal ein kleiner Überblick über die wichtigsten:

Mürbeteig – beliebt zum Beispiel bei Plätzchen im Advent. Er besteht aus Mehl, Zucker, Ei und Butter, wobei wichtig ist, dass die Butter nicht zu warm ist, weil sonst der Mürbeteig brüchig wird.

Rührteig – der saftige Bruder vom Mürbeteig. Die Zutaten sind dieselben, nur das Verhältnis ist anders. Superschnell und einfach zu machen und besonders bei Rührkuchen wie zum Beispiel Marmorkuchen im Einsatz.

Biskuit – kennt ihr von Torten. Streng genommen ist Biskuitteig kein Teig, sondern nur eine Masse. Dafür werden Eier, Zucker und Mehl schaumig gerührt. Beim Backen dehnt sich Biskuitteig durch die eingeschlagene Luft aus und wird zart und feinporig.

Ein weiterer Teig-Klassiker ist **Blätterteig**, also das, woraus zum Beispiel Croissants gemacht sind. Diese hauchzarten Gebäckstücke, die auch gerne mal mit Schoko oder Schinken und Käse gefüllt sind. Kaum ein Teig ist so vielfältig wie Blätterteig. Egal ob süß oder herzhaft, ob Obst, Gemüse, Fleisch oder Fisch: Er eignet sich für fast alles!

Dass Blätterteig so superfein und eben »blätterig« ist, liegt am sogenannten »Tourieren«. So nennt man es, wenn der Grundteig zusammen mit der benötigten Margarine ausgerollt und immer wieder übereinandergelegt wird. So entstehen immer mehr hauchdünne Schichten – am Ende eines traditionellen Blätterteigs sind das 144! Total krass, oder, Leute?

Also vollstes Verständnis für alle, die den Blätterteig nicht selbst machen, sondern einfach im Supermarkt kaufen. Und was man damit alles Leckeres für eure Party anstellen kann, verrate ich euch beim nächsten Rezept.

GEFÜLLTE BLÄTTERTEIGSCHNECKEN

IHR BRAUCHT FÜR 10–12 STÜCK:

40 g Parmesan

150 g braune Champignons

1 Schalotte (mittlere Größe)

1 EL Olivenöl

125 g Crème fraîche

2 Stiele Petersilie

Salz

frisch gemahlener schwarzer Pfeffer

1 Spritzer Zitronensaft

1 Rolle Blätterteig aus dem Kühlregal

AUSSERDEM:

12 Eisstiele (alternativ Schaschlikspieße)

UND SO GEHT'S:

1. Parmesan fein reiben und zur Seite stellen.
2. Die Pilze putzen und klein würfeln. Die Schalotte schälen und ebenfalls klein würfeln.
3. Das Olivenöl in eine Pfanne geben und erhitzen. Die Schalotte glasig anbraten, dann die Pilze mitbraten.
4. Die Crème fraîche zugeben und einköcheln lassen.
5. Währenddessen die Petersilie waschen, trocken schütteln und hacken.
6. Zusammen mit Salz, Pfeffer und Zitronensaft zu den Pilzen geben.
7. Jetzt alles in ein hohes Gefäß füllen, mit einem Pürierstab fein pürieren und etwas abkühlen lassen.
8. Jetzt den Backofen auf 200 °C (Ober-/Unterhitze) vorheizen.
9. Ein Blech mit Backpapier belegen. Die Blätterteigrolle (auf dem eigenen Backpapier) ausrollen und die Pilzfüllung darauf gleichmäßig dünn verteilen.
10. Jetzt von der Längsseite vorsichtig aufrollen, sodass ihr 'ne dicke Wurst habt.
11. Dann von der Blätterteigrolle mit einem scharfen Messer circa 1–1,5 cm dicke Scheiben schneiden und die Eisstiele waagrecht bis zur Hälfte in jede Rolle stecken.
12. Mit etwas Abstand auf das Blech legen, mit dem Parmesan bestreuen und in 20–25 Minuten goldbraun backen.

MINI-FRITTATA

IHR BRAUCHT FÜR CA. 12 STÜCK:

1 Fenchelknolle

10 Mangoldblätter (alternativ Spinat)

Salz

Olivenöl

200 g Mais aus der Dose

8 Eier

150 g Frischkäse

1 TL Cayennepfeffer

frisch gemahlener schwarzer Pfeffer

Butter zum Ausbuttern der Förmchen

Semmelbrösel

AUSSERDEM:

Muffinförmchen

UND SO GEHT'S:

1. Den Fenchel klein schneiden.
2. Die Mangoldblätter waschen, den Strunk entfernen und die Blätter in kochendem Salzwasser kurz blanchieren.
3. Den Mangold abschrecken, ausdrücken und klein schneiden.
4. Den Fenchel in Olivenöl etwa 8 Minuten anschwitzen, Mangold und Mais dazugeben.
5. Währenddessen die Eier, den Frischkäse und die Gewürze glatt mixen. Geht auch mit einem Schneebesen.
6. Jetzt den Ofen auf 180 °C (Umluft) vorheizen, die Muffinförmchen gut ausbuttern und mit den Semmelbröseln ausstreuen. So kleben die Muffins später nicht fest.
7. Jetzt das angeschwitzte Gemüse in die Muffinformen geben und mit der Eiermasse übergießen, bis die Förmchen zu ⅔ gefüllt sind. Beim Backen werden die Muffins nämlich größer.
8. Jetzt rein damit in den Ofen und 20–25 Minuten backen, bis die Oberfläche goldbraun schimmert.

PFANNKUCHENTORTE

IHR BRAUCHT FÜR DIE BEERENSOSSE:

350 g TK-Beerenmischung

5 EL Puderzucker

FÜR DEN TEIG:

3 Eier (Größe M)

150 g Mehl

1 Prise Salz

240 ml Milch

1 TL Bourbonvanillezucker

1 Schuss Mineralwasser

3 TL Öl zum Ausbacken

FÜR DIE CREME:

500 g Quark

2–3 EL Zucker

10 g Bourbon-vanillezucker

1 Prise Zimt

¼ Zitronenabrieb

UND FÜR DIE DEKORATION:

frische Beeren nach Belieben, z. B. Himbeeren, Blaubeeren, Brombeeren

UND SO GEHT'S:

1. Wir starten mit der Beerensoße: Die Beerenmischung unaufgetaut mit Puderzucker in einen Topf geben, unter Rühren langsam aufkochen und für 4–5 Minuten köcheln lassen.
2. Die heißen Früchte mit einem Pürierstab fein pürieren und durch ein Sieb streichen.
3. Beiseitestellen und komplett abkühlen lassen.
4. Für die Zubereitung der Pfannkuchen die Eier in einer Schüssel aufschlagen und mit dem Schneebesen verquirlen.
5. Das Mehl mit dem Salz in 2–3 Portionen dazu geben und ebenfalls verrühren.
6. Dann die Milch mit Vanillezucker dazu und alles zu einer cremigen Masse verrühren.
7. Zuletzt noch Mineralwasser unterrühren, damit die Pfannkuchen besonders fluffig werden, und den Teig für 10 Minuten stehen lassen.
8. Danach eine Pfanne mit 1 TL Öl erhitzen. Eine Schöpfkelle voll Teig in die Pfanne schütten und die Pfanne dabei so schwenken, dass sich der Teig gleichmäßig über den Boden verteilt. Auf beiden Seiten bei mittlerer Hitze hellgoldfarben ausbacken.
9. Den fertigen Pfannkuchen auf einen flachen Teller gleiten lassen und immer weiter Pfannkuchen backen, bis der Teig aufgebraucht ist.
10. Den dann entstandenen Pfannkuchenstapel zum Abkühlen beiseitestellen – jetzt könnt ihr euch um die Füllung kümmern!
11. Dazu den Quark in eine Schüssel geben.
12. Zucker, Vanillezucker, Zimt und Zitronenabrieb unterrühren.
13. Die frischen Beeren kurz mit kaltem Wasser abbrausen.

14. Jetzt kommt das Spannendste: die Torte machen! Dafür einen Pfannkuchen mittig auf einen Teller legen und circa 2–3 EL der Quarkmasse darauf grob verstreichen. Von der Beerensoße ein paar Klekse auf der Quarkschicht verteilen und mit ein paar frischen Beeren garnieren. Fertig ist die erste Lage.
15. Jetzt immer so weitermachen: Pfannkuchen, Quarkfüllung und Beeren immer weiter schichten, bis eine hohe Torte draus geworden ist.
16. Zum Schluss mit der restlichen Beerensoße die letzte Quarkschicht abschließen. Und die übrigen Beeren obenauf verteilen.

MUUUUUH! GEFLECKTE KUH-WAFFELN

FÜR 3 DICKE WAFFELN BRAUCHT IHR:

150 g Mehl
150 g Speisestärke
5 g Backpulver
250 g weiche Butter
200 g Zucker
1 Prise Salz
Abrieb von ½ Zitrone
4 Eier (Größe M)
80 ml saure Sahne
20 g dunkles Kakaopulver
etwas Öl für das Waffeleisen

UND SO GEHT'S:

1. In einer Schüssel Mehl, Stärke und Backpulver gut vermischen.
2. In eine weitere Schüssel Butter, Zucker, Salz und Zitronenabrieb geben. Mit den Quirlen des Handrührers gut cremig schlagen (geht natürlich auch von Hand).
3. Jetzt die Eier und saure Sahne in die Mehl-Stärke-Mischung rühren.
4. Dann den Inhalt beider Schüsseln zusammenkippen und die Masse zu einem glatten Rührteig verarbeiten.
5. Ein Drittel davon abnehmen und mit dem Kakaopulver mischen.
6. Jetzt das Waffeleisen gut vorheizen und einfetten.
7. Den hellen und den dunklen Teig in Kleksen in das Eisen füllen und portionsweise die Waffeln goldbraun backen.

Tipp: Passt auch superlecker zu Vanilleeis.

SO, LEUTE!

Das war's leider schon wieder für heute – und wisst ihr, was? Ich hab jetzt richtig Hunger bekommen! Ihr auch? Das Blöde ist nur: Wie um Himmels willen soll ich mich denn jetzt entscheiden, was ich koche? Lieber was Exotisches wie das indische Curry? Oder was Einfaches wie Nudeln mit Pesto? Oder doch einfach 'ne leckere Pizza? Na ja, vielleicht mache ich Roberta erst einmal 'ne Portion Maschinenöl fertig und überlege noch einmal.

Ich hoffe jedenfalls, dass euch unser kleiner, persönlicher Ausflug in die Welt des Kochens mindestens genauso viel Spaß gemacht hat wie mir!

Normalerweise schicke ich euch an dieser Stelle ja immer raus zum Spielen, auf die Straße, auf den Spielplatz, auf Bäume oder sonst wohin. Heute nicht! Heute sag ich: Klappt das Buch zu, steckt eure eingeseiften Hände unter den Wasserhahn und dann nix wie ab hintern Herd! Denn wie heißt es so schön? Liebe geht durch den Magen!

Ich kenne kaum etwas, das so vielfältig ist, so abwechslungsreich und so viel Spaß macht wie Kochen. Und ich wünsche euch von Herzen, dass ihr das auch für euch entdeckt. Muss ja nicht gleich ein Drei-Gänge-Menü sein – auch der größte Koch hat mal klein angefangen. Und es kann am Anfang ruhig auch mal komisch schmecken, anbrennen oder versalzen sein. Völlig egal.

Hauptsache, ihr seid mit Freude und Spaß bei der Sache, dann kommt alles andere von ganz allein! Also viel Spaß dabei. Macht's gut!

Euer Tim

Impressum

4. Auflage 2025

Hinweis Die Ratschläge/Informationen in diesem Buch sind von Autoren und Verlag sorgfältig erwogen und geprüft, dennoch kann eine Garantie nicht übernommen werden. Eine Haftung der Autoren bzw. des Verlags und seiner Beauftragten für Personen-, Sach- und Vermögensschäden ist ausgeschlossen.

Redaktionsleitung Dr. Harald Kämmerer
Projektleitung Andrei Teusianu, Ann-Kathrin Kunz
Bildredaktion Sabine Kestler und Linda Rowold
Rezepte, Food- und Peoplefotografie Volker Debus #debusfoto
Produktion und Styling ATELIER debus/witzigmann
Lektorat und Korrektorat Susanne Schneider, München
Umschlaggestaltung OH, JA!, München, www.oh-ja.com
Innenlayout und Satz Kathrin Schüler, Berlin
Herstellung Monika Weiher
Druck und Bindung Mohn Media Mohndruck GmbH, Gütersloh
Printed in Germany

MIX
Papier | Fördert gute Waldnutzung
FSC® C011124

Penguin Random House Verlagsgruppe FSC®
N001967
ISBN 978-3-517-10226-9
www.suedwest-verlag.de

Bildnachweis Aus folgenden Checker-Tobi-Folgen wurde Material verwendet: Der Gewürze-Check, Der Brot-Check, Der Fett-Check, Der Demokratie-Check, Der Ei-Check, Der Familien-Check, Der Benimm- und Regel-Check, Der Römer-Check, Der Frühlings-Check, Der Nuss-Check, Der Pilz-Check, Der Fett-Check, Der Pups-Check, Der Ekel-Check, Der Lach-Check, Der Frische-Fische-Fischen-Check, Der Kunst-Check, Der Europa-Check, Der Judentum-Check, Der Alkohol-Check, Der Migrations-Check, Der Flüchtlings-Check, Der Italien-Check, Der Gefühle-Check, Der Oktoberfest-Check, CheXperiment „Der Marmeladen-Brot-Stunt", CheXperiment „Schule. Warum eigentlich?", Kinofilm „Checker Tobi und das Geheimnis unseres Planeten", Quick-Check-Folge „Baum · Luftballon · Pizza"

Illustrationen Carolin Flammang/megaherz; außer Löffel von Mitmach-Checks: Kathrin Schüler

Hans-Florian Hopfner/megaherz: U4

Alle weiteren Abbildungen Adobe Stock: 4/5 (Tartila, Rogatnev), 9, 14, 15, 163 (Rogatnev), 9, 25, 78 (tartila), 11 Sieb, Topf und Tuch (YummyBuum), 19 (Lucky Dragon), 38/39 (Dar1930, Sph, heebyj, karandeev, missmimimina,, Alisa, factory6, alicja neumiler, 46 (marcin jucha), 47 (Elena Schweitzer), 50 (oticki), 51 (N.N.), 53 (BVEO/Deutschland – mein Garten), 55 (Fernando), 70 (Алина Битта), 87 li. (Jacek Chabraszewski), 87 re.Mi (Oksana), 87 re.u. (myviewpoint), 112/113 (womue, by-studio, jd-photodesign, Amy Lv, kolesnikovserg, Rhönbergphoto, mates, L.Klauser, Natika, xamtiw, Xavier, innafoto2017, dshashikant, oxie99, Valentina R., Dionisvera), 117 re.o. (Thomas Francois), 117 re.u. (Bernd Jürgens), 124 o.li. (M.Dörr&M.Frommherz), 124 u.li. (tonaquatic), 125 re.u. (Pixel-Shot), 138 (Grogoriy Lukyanov), 139 (photocrew), 140/141 (lemberg-vector). 154, 165 Mi.re. (Olga Kriger), 155 o. (M.studio), 165 u. (jfunk), 165 Mi.li (juefraphoto), 170 (jd-photodesign), 172 (Снежана Кудрявцева), 173 (IndrePau), 181 (JackStock); AKG: 152 (Erich Lessing), 155 u. (Andrea Jemolo); Gemeinfrei: 87 Popeye (Segar), 94 (James Robertson); Istock: 81 (a_namenko); Privat: S. 18; Shutterstock: Post Its (Lyudmyla Kharlamova), 63 (tonkid), 66 (HappyPictures)